就活キャリアスキル読本

キャリアスキル

読本

[編著]

中川 直毅

三恵社

はしがき

　本書は、主として新卒採用の就職活動を行っている、又はこれらに関心のある学生の皆さんを対象にしており、併せて、若手社会人の方の転職についても意識して執筆しています。また、就職活動の「対策本」に留まることなく、キャリア指導の現場を知らないと分からない観点を大切にして、周辺情報を沢山取り入れ、トピックス的な情報も豊富に盛り込んでいます。そして、全て語り口調で書き貫くことで読みやすさを高め、就職活動に直ぐに役立つ情報と将来的に役立っていく教養的な情報の提供というスタンスをとっています。これらの点が類書に見ない本書の特色だと思います。

　このようなことを受けて、本書の書名も読み物的であるとの意図を込めて「読本」と付している次第です。その内容は、面接の受け方やエントリーシートの書き方、業界研究の方法などの就職活動に即有用なものから、法律に照らして求人票を読み込む方法、或いは就職活動中だけではなく就職後にも役立つ年金や税金の知識などにも及んでおり、多岐に亘っています。

　したがって、執筆者も、大学のキャリア関連授業の担当教員、日々学生に対してキャリア指導を行っているキャリアセンター職員、企業の採用等に関わる専門家としての社会保険労務士や人事部の管理職経験者など多彩なメンバーが揃っています。いわば、「就職を支援する側」と「採用を適正に行う側」の双方向からの実践的執筆陣ということになります。

　数々の工夫を凝らした本書が、就職活動の道標として役立っていくだけでなく、その周辺の知識やスキルの習得にも寄与し、各人のキャリアの見直しと将来の好機を捉える足掛かりとなって、皆さんの成功への良き友となれば幸いです。

本書の執筆に際しては、沢山の文献を参考にさせて頂きました。これらは各講の頁末に参考文献として掲げて、引用文献については注記に記載させて頂いております。また、これら以外の文献についても参考にさせて頂いているものがあります。この場を借りて深く御礼申し上げます。なお、担当項目の執筆についての文責は、執筆者個人にあることとしておりますので併せてお断りしておきます。

　末筆とはなりましたが、出版に多大なるご協力を頂いた一般社団法人洛陽キャリア法務支援機構の理事各位、そして執筆、内容の精査にご協力を頂いている名古屋芸術大学キャリアセンターの教職員各位に、改めて感謝申し上げます。

　　令和 3 年 7 月 12 日

　　　　　　　　　　　　　　　東京自宅の書斎にて編者記す

　　　　　　　　　　　　　　　中川　直毅

就活キャリアスキル読本　目次

【編著者】

中川　直毅

担当：第2講、第6講、第7講(3)、第14講、第15講

特定社会保険労務士

名古屋芸術大学 人間発達学部 教授・キャリアセンター長

一般社団法人洛陽キャリア法務支援機構 理事長・憲法研究所長

［略歴］

1960年生まれ、青山学院大学大学院法学研究科修士課程修了。特定社会保険労務士。専門は、労働法、経営人事論。

東証上場の名門総合メーカーや製薬会社、電機機器会社など上場企業の人事部長、法務室長、人事総務部長などを経て、現職。社労士事務所みかど経営人事オフィス顧問、田畑人間科学研究所顧問や企業顧問などを兼職しながら、京都華頂大学（2017年〜2020年）、愛知学泉短大などの非常勤講師も務めている。著書に、『精選 日本国憲法論14講』（単著，三恵社，2020年）、『要説 キャリアとワークルール』（編著，三恵社，2019年）、『企業活動の法律知識（新訂第5版)』（共著，経営法友会，2007年）がある。

【著　者】(執筆順)

山田　芳樹

担当：第1講、第16講(1)(2)

京都産業大学経済学部卒

名古屋芸術大学　学務部長

水口　洋輔

担当：第3講、第4講、第5講、第7講(1)(2)、第8講

早稲田大学政治経済学部卒　社会保険労務士　元上場企業人事課長

一般社団法人洛陽キャリア法務支援機構　理事・企画担当

伊藤　元房

担当：第9講

神戸学院大学法学部卒

名古屋芸術大学　学生支援チームリーダー

櫻井 茂美

担当：第 10 講

青山学院大学大学院法学研究科修士課程修了　特定社会保険労務士
曽根労務管理事務所所長

桶谷 浩

担当：第 11 講

熊本大学法学部卒　特定社会保険労務士、1 級 FP 技能士
一般社団法人洛陽キャリア法務支援機構 理事・キャリア研究所長
著書：『年金のことならこの一冊』（共著 , 自由国民社 , 2018 年）、『医療保険と介護保険完全ガイド』（監修・共著 , 自由国民社 , 2009 年）

片岡 徹也

担当：第 12 講

名古屋商科大学大学院会計ファイナンス研究科修了 修士 (経営学)
税理士
名古屋芸術大学非常勤講師、一般社団法人洛陽キャリア法務支援機構
監事

田畑 啓史

担当：第 13 講

京都産業大学経済学部卒 社会保険労務士
eni-labo 社会保険労務士事務所代表、田畑人間科学研究所所長
一般社団法人洛陽キャリア法務支援機構 副理事長・事務局長
著書：『要説 キャリアとワークルール』(共著 , 三恵社 , 2019 年)

高橋 克典

担当：第 16 講 (3)

アリゾナ州立大学サンダーバード国際経営大学院修了 MBA
梅光学院大学　文学部　特任講師、経営コンサルタント
ハイブリッジ・インターナショナル　代表

【協 力】

一般社団法人洛陽キャリア法務支援機構　キャリア研究所

　本部 : 京都市中京区昆布屋町 395 番地 高山ビル 4 階

社労士事務所みかど経営人事オフィス

　事務所 : 東京都江東区亀戸 4-38-4 GS ハイム亀戸 401 号

【本書の言葉等の統一について】

◎西暦と元号は適宜に応じてどちらかを使用しています。

◎法律の条文番号は、本来ならば「労働基準法第 25 条第 2 項」などと表記しますが、「労働基準法 25 条 2 項」と第を省略しています。

◎本書で使用している法律名称は略記としています。正式名称は、次頁に記載しています。

◎判決は次の通りです。

　最大判 (決)→最高裁判所大法廷判決 (決定)

　最判 (決)→最高裁判所小法廷判決 (決定)

　高判→高等裁判所判決

　地判→地方裁判所判決

◎高等裁判所は「高裁」、地方裁判所は「地裁」と略しています。

◎判例集の正式名称は次の通りです。

　判時→判例時報　労判→労働判例　労経速→労働経済速報

　民集→最高裁判所民事判例集　労民集→労働関係民事裁判例集

◎その他にも幾つかありますが、注釈にて都度喚起しています。

◆図表は、特に出典・資料名を示していないものについては、編著者又は各講担当の執筆者が作成しています。

【凡 例】

法令名等　本文中で略記した法令名等は下記の通りです。

育児休業、介護休業等育児又は家族介護を行う労働者の福祉に関する法律（育児介護休業法）

医薬品、医療機器等の品質、有効性及び安全性の確保等に関する法律（医薬品医療機器法［旧薬事法］）

会社分割に伴う労働契約の承継等に関する法律（労働契約承継法）

株式会社の監査等に関する商法の特例に関する法律（商法特例法）

高年齢者等の雇用の安定等に関する法律（高年齢者雇用安定法）

個別労働関係紛争の解決の促進に関する法律（個別労働紛争解決促進法）

雇用の分野における男女の均等な機会及び待遇の確保等に関する法律（男女雇用機会均等法）

障害者の雇用の促進等に関する法律（障害者雇用促進法）

短時間労働者の雇用管理の改善等に関する法律（パート労働法）

短時間労働者及び有期雇用労働者の雇用管理の改善等に関する法律（パート有期雇用労働法）

賃金の支払の確保等に関する法律（賃金支払確保法）

働き方改革を推進するための関係法律の整備に関する法律（働き方改革法）

不当景品類及び不当表示防止法（景品表示法）

労働者災害補償保険法（労災保険法）

労働施策の総合的な推進並びに労働者の雇用の安定及び職業生活の充実等に関する法律（労働施策総合推進法）

労働時間等の設定の改善に関する特別措置法（労働時間等設定改善法）

労働者派遣事業の適正な運営の確保及び派遣労働者の保護等に関する法律（労働者派遣法）

第 **1** 章

就活総論編

1．就職活動のスタート

1−1　就職活動を楽しむ

　就職活動（以下、「就活」という。）は、新卒採用の就活もあれば、中途採用者の就活もあります。本書は、企業や社会福祉法人、学校法人などの組織体への就活を想定して書かれていますが、就職は何もこれらの企業等に入ることだけではないのです。就職とは字のごとく「職」に就くことであり、仕事をすることです。そして、仕事を通じて、人として太古の昔より営まれてきた、生きていくための基盤（糧）を確保するための場なのです。

　もっとも、皆さんにとっては、就職して積極的に仕事をしていくことは、自らの稼得能力の向上と自己実現を推進するということでもあります。**稼得能力**とは、お金を稼ぐ能力のことですが、これは現時点のことだけではなく、「将来に向けて生活水準を後退させることなく、前進させていくための有力な手段でありその基礎能力のこと」[1]だと、編者の中川先生はその著書で述べています。また、**自己実現**については、「仕事を通じて、自己の能力を発揮して、やりたいことを実現することで、生活するだけに留まらず素晴らしい達成感を得て、自己の成長につなげていく」[2]ことだとも説いておられます。このようなことに鑑みると、大学生や短大生の皆さんにとっての**就職**とは、社会で「働く」ことの意義を確り認識して、在学中に学んだ知識や、学ぶ延長線上で関心を高めたことについての将来プランを築き、自らが**キャリア形成**（将来の職業人生設計）を考えて、主体的な進路を選択していくことであり、社会人とし

てスタートを切るということになります。

　皆さんの何れの方にとっても就活は、何をすれば良いのか、本当に働くことができるのだろうかなどと、多かれ少なかれ不安が付きまとうものだと思います。さりとて、就活自体は、皆さんのその時点までの人生における棚卸であるとして、今まで築いてきた自己の力を更に向上させるための門を開く時であるとも考えることができます。そして誰にでも必ずウイークポイントはあるものなのですが、そもそも短所と長所は表裏一体をなすことから、「それらを補う切っ掛け」として、焦らずに「長い目で見た努力課題」を発見することにもつながり、或いは「長所に置き換える」ことへのチャンス到来とも考えることができます。

　このようなラッキー感を招くような、**ポジティブ**な思いを以て就活に臨めば、「知らない自分を知る」的なドキドキ感、「学んだことを活かす工夫をしよう」とのワクワク感、「色んな社会人に会って、一緒に働きたい」と思うトキメキ感が芽生えて、就活自体が**「明るく　楽しく　元気に」**できるようになると思います。確かに就活には不安は付きもののように思えますが、視点を変えて考えを少し変えるだけで、新しい世界が見えてきそうです。皆さん、就活を通じてより成長していきましょう。

1-2　本書を読むにあたって

　本書は、はしがきにおいて、編者の中川先生も書かれている様に、新卒としての就活、そして社会人の方の転職の便にも供するようにとの編集方針を採っています。かなり欲張った内容となっていますが、その分興味を持った「好みのところ」から自在に読んでいけることもできます。勿論時間のある方は最初から読み進めれば良いと思いますが、新卒採用の就活中で時間に制約のある方は、本講を読んだ後に、先ずは「第3講」から「第10講」までを通しで精読して下さい。また、若手社会人で転職活動をスタートさせた方は、同じく本講を読んだ後に、「第10講」

と「第 13 講」を読み、「第 3 講」「第 6 講」「第 7 講」を確認的に通読
していけばよいと思います。

　なお、第 2 講から第 12 講までは、「学生の皆さん」と呼び掛けており、
第 1 講と第 13 講から第 16 講までについては、「皆さん」としているこ
とに気が付いて貰えればと思います。ここには編者の思いが表れていま
す。前者は主として新卒採用の就活生を意識して執筆されているからこ
のような名宛にしており、後者は若手社会人を含む全ての方に向けての
ことから、学生の部分を抜いて書かれているのです。

　では、本書の各講についての着眼点と読み方を説明していきます。

　本書は 3 章立てで構成されています。**第 1 章「就活総論編」**は、本講
である**第 1 講・ガイダンス**と共に、**第 2 講・社会人基礎力**について解説
しています。ここでは、社会人基礎力と人間力について説明しています。
面接試験対策や履歴書の書き方のコツを知るなど、いわゆる就活スキル
を理解することも大切なことですが、その基底となる社会人としての基
礎能力もある程度身につけることを意識して、確りここを読み自己を磨
くための目標を持って欲しいと思います。

　次は、**第 2 章「就活スキル編」**です。前半部と後半部に分けて説明し
ます。先ずは、第 3 講から第 9 講までの前半部を取り上げます。ここ
は本書の核となる部分であり、完全なる就活対策の内容が目白押しです。
第 3 講・面接は、本書での最も重要な箇所です。面接の意義を考えな
がらその対策が取り上げられており、具体的質問事項への対応方法など
についても言及しています。**第 4 講・履歴書とエントリーシート**では、
この二つを混同していることが多いので、其々の違いを説明しながら、
その書き方のポイントを明快に説明しています。きっと目から鱗的にこ
れらの認識が高まると思います。**第 5 講・グループ討論**では、グループ
討論の真の意味を採用側の視点で説明している点にも注目して下さい。
第 6 講・求人票は、求人票の内容を確り把握する工夫がなされており、

法的な解説にも重点を置き、いわゆるブラック企業との関わりを回避する知識と知恵を提供しています。**第7講・業界研究**は、本書の肝でもあり、面接の項と同様に大切なところです。就活の殆どはこの業界研究や企業研究を如何に行い、適切に情報分析しているかに掛かっているといっても過言ではありません。じっくり読み込んで確実に調べ上げて欲しいものです。**第8講・インターンシップと組織**では就業体験とその効用について説明しています。インターンシップは合否の優位性にも影響を及ぼすことがあることから、確りと読み込んで欲しいものです。**第9講・就職メール・手紙・封筒の書き方**は、就職メールの書き方や敬語の使い方について説明しています。

　第2章「就活スキル編」のうち第10講から第12講までが後半部です。前半部が就活生必須で就活直結の即効的な内容であったのに対して、後半部は知っておけば在学中、就活の際はもとより、企業等に入ってからでも役立っていく、漢方薬のような緩徐的な内容となっています。**第10講・採用と内定に関する法律の知識**は、内定を巡る法律知識を中心としており、**第11講・働く前に知っておきたい年金の知識**と**第12講・働く前に知っておきたい税金の知識**は、年金と税金の基礎事項を取り上げています。これらを其々の領域の専門家が分かり易く解説しています。

　第3章「就活トピック編」は、最近の社会情勢で話題となった領域から、編者が知っておいて貰いたいと考え寄せ集めたものです。ここは、若手社会人の皆さんを想定して執筆しています。**第13講・職務経歴書の書き方**は、中途採用における必須スキルです。働き方改革などの環境変化で、転職は日常的に行われており、副業・兼業などパラレルな働き方も増えています。職務経歴書は、転職に際して、自己ＰＲ或いは自己キャリアの棚卸のためにも大変重要なものです。**第14講・ワークルールの要点**は、昨今、文部科学省や厚生労働省も大学生に対する「労働法教育」に力を入れるようになってきました。ここでは、就業規則・賃金・

労働時間などの重要事項に絞って解説しています。もっとも、法律を初めて学ぶ方には少々読むのに骨が折れるかもしれません。分からない言葉は、法律用語集やネット環境で調べながら読み進んで下さい。なお、**第15講・女性労働と育児休業**についても同様なことです。男女共同参画社会や女性活躍推進などを意識して書き上げています。

　第16講・チャンスを活かしていくについては、本書においては少々異色の補講的な扱いです。大学実務家教員と経営コンサルタントという希少的な職業に就くプロセスは余り知られていません。ここは編者の中川先生が、このようなレアなケースを知ることで、皆さんが、自ら考えて応用し組み立てながら、自走的なキャリア形成の展開ができる機会になればとの思いから、取り上げたと聞いています。したがって、余裕があれば参考程度に一読してみて下さい。

2. 就活の作戦と支援

2-1 作戦を立案する

　今の世の中は、業界情報や企業情報を、インターネットやＳＮＳで簡単に入手できます。そして皆さんの頭を直ぐに過るのは、テレビコマーシャルをしている企業や、ターミナル駅などの広告或いは電車内の中吊りや電光広告で目に入る企業だと思います。これらの企業は広告宣伝の効用もあり、いわゆる字のごとく有名企業ということになり、概して大企業が多いようです。また、日常に使う商品や店舗などを擁している企業も「知っている」ということで名の知れた企業ということになります。

　就活では、これらの有名企業に興味さえ持てば、インターネットなどを通じて簡単にエントリーすることができます。しかしながら、概して希望者が集まることで競争倍率は非常に高いものです。そして、有名でありながら採用人数が少数精鋭の採用方針により数名程度のところもあ

ります。これらの企業を目指す場合は、事前選考（エントリーシートなど）を突破することさえ非常に難しいにもかかわらず、最低でも会社説明会や筆記試験（適性検査を含む）に出向かなければならず、他社との兼ね合いなどの日程管理についてもその調整が大変です。このような有名企業ばかりを目指していると、時間を掛けている割に何れの会社もバタバタと落ちてしまうようなことになり、気が付けば就活シーズンも終わっていたなどと、悲劇的展開さえ予想できます。このようなことになれば取り返しがつかなくなる事態に陥り、**「覆水盆に返らず」**になってしまいます。

　また、複数の卵が同じバスケットに入っていると落とすと全てが割れてしまい、全てを失ってしまいます。**リスクの分散**が大切です。実際的にも同じ業界の有名企業ばかり受験しての失敗例、或いは「ここしか入社したくない」「この業界でなければならない」など、満を持しての一点重点主義の方の失敗例も、よく見受けられることです。傍目で見ていても可哀相なぐらいです。もっともひやひやしながらも希望通りになれば、或いは仕事に辿り着きさえすれば（無職は避けたいものです）、長い人生の中では結果的には「大した」ことでもないのですが、やはり毎年繰り返されるような失敗からの後悔は避けたいものです。

　就いては、次の①から③についての対策は、最低限講じておいて下さい。そして第2講以降は、これらの対策を頭に入れて読み進めて下さい。

　　①直ぐにアクション、時には見限って決断する。

　　②業界や企業研究はしつこい程に行うことを誓い実行する。

　　③「複数の業界」＋「複数の企業」そして「規模による優劣」で、
　　　希望企業群を構成しておく。

これらを意識して俯瞰的に複数のターゲットを定めて、順序立てて対策を講じること、即ち作戦を練ることです。ノートなどに書き留めておくと頭の中の整理ができ、また節目々々に確認ができるので便利だと思

います。

　後になって、「事前の作戦次第で就活対策の実際的な勝負が決まっていた」のではと手遅れ状態で気が付いても、**連戦連敗**となってしまいます。繰り返しますが、この点については特に留意して下さい。

　新型コロナウイルス感染症「COVID-19」（以下、「新型コロナ禍」という。）は、企業の採用活動に大きな影響を与えました。2020年1月に国内初の感染者が確認され、同年3月には新型コロナウイルス対策特別措置法が成立し、4月には最初の緊急事態宣言が出されました。この時期は2021年3月卒業生の就職活動が本番を迎え、例年であれば、求職者は会社説明会や各種選考に臨んでいる最中のことで、採用活動を行う企業も対応に追われました。当初は採用活動を延期する企業が多く、徐々にオンラインによる会社説明会や面接に切り替えながら、選考を進めていきました。その後も新型コロナ禍の影響の終息は見られず、2022年3月卒業予定者の就職活動時期に入りました。このような社会環境の激変は、企業に与える影響も大きく、企業は採用活動のオンライン化を一層整備することで変化を遂げ、説明会、集団討論、面接等を一部オンラインで行っていくことが、最早当たり前の状況になりました。将来的にも一層充実しながらこの状況は続いていくと思います。時代の流れにそっての対応を行っていくことは、とても大切なことですが、昨今はこのように**大変化の時代**に突入しています。皆さんも、情報のアンテナを張り、柔軟な志向で周囲を見渡せる視点を以て、就活に努めるようにして下さい。

2-2　キャリアセンターによる支援

　学生の皆さんへのいわゆる就活支援は、大学や短期大学によって、キャリアセンター、学生支援センター、キャリア支援室、或いは就職支援室など様々な組織名称で行われていますが、本書では、**キャリアセン**

ターで統一したいと思います。キャリアセンターは、日常的な相談業務を通じて、学生の皆さんの将来のキャリア設計や就職に関する相談に乗り一緒に考え、求人や公務員試験等の就職情報の提供も行っています。また、学生の皆さんの多様な進路選択を支援するための様々な支援プログラムも提供しています。キャリアセンターは、キャリア支援とキャリア教育を同時に行っている大学組織なのです。ここを使わない手はありません。気軽に訪れるようにして、積極的にそして継続的に活用してみて下さい。

　キャリアセンターの活動事例を、著者が勤務する名古屋芸術大学においてのキャリア支援体制を以て紹介してみます。参考にして下さい。**名古屋芸術大学キャリアセンター**では、個別キャリアの相談、履歴書の添削、模擬面接の実施、インターンシップの実施などの就職支援や、名芸大求人検索システムによる求人情報の提供、教員・公務員情報や学内での企業セミナー等の実施による就職情報の提供など様々な支援体制を敷いています。キャリア相談に対応するキャリアセンターの職員には、国家資格のキャリアコンサルタントのライセンスを持っている者も複数います。他にも、大学の正規科目とキャリアセンター主催企画をハイブリッド式に展開した**「キャリア開発123教育体系」**という名称の体系的な教育プランによるキャリア開発に係る教育も行っています。ビジネス系科目の開設や社外講師による見聞を拡げる講義、将来起業も可能となり得るスキルや知識を得るためのキャリアゼミなども実施しています。

　名古屋芸術大学のキャリアセンターでは、学部で学ぶ専門領域ごとの専門力とビジネス汎用力を備えたスキルを**キャリア二刀流**と称して、それらの力の獲得を目標にした諸々の施策を展開しています。因みに、「キャリア開発123教育体系」は次表の通りですが、こちらの概略も説明しておきます。

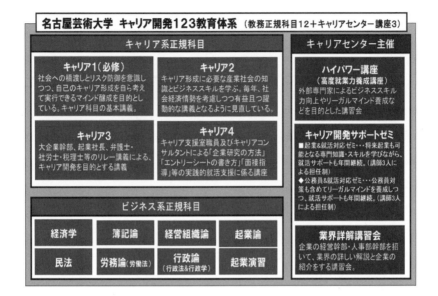

名古屋芸術大学 キャリア開発123教育体系 （教務正規科目12＋キャリアセンター講座3）

キャリア系正規科目

キャリア1（必修）
社会への橋渡しとリスク防御を意識しつつ、自己のキャリア形成を自ら考えて実行できるマインド醸成を目的としている。キャリア科目の基本講義。

キャリア2
キャリア形成に必要な産業社会の知識とビジネススキルを学ぶ。毎年、社会経済情勢を考慮しつつ有益且つ躍動的な講義となるように見直している。

キャリア3
大企業幹部、起業社長、弁護士・社労士・税理士等のリレー講義による、キャリア開発を目的とする講義

キャリア4
キャリア支援室職員及びキャリアコンサルタントによる「企業研究の方法」「エントリーシートの書き方」「面接指導」等の実践的就活支援に係る講座

ビジネス系正規科目

| 経済学 | 簿記論 | 経営組織論 | 起業論 |
| 民法 | 労務論（労働法） | 行政論（行政法&行政学） | 起業演習 |

キャリアセンター主催

ハイパワー講座（高度就業力養成講座）
外部専門家によるビジネススキル力向上やリーガルマインド養成などを目的とした講習会

キャリア開発サポートゼミ
■起業&就活対応ゼミ…将来起業も可能となる専門知識・スキルを学びながら、就活サポートも6年間継続。（講師3人による担任制）
◆公務員&就活対応ゼミ…公務員対策も含めてリーガルマインドを養成しつつ、就活サポートも6年間継続。（講師3人による担任制）

業界詳解講習会
企業の経営幹部・人事部幹部を招いて、業界の詳しい解説と企業の紹介をする講習会

　表の左側の**キャリア系正規科目**（キャリア1やキャリア2。他にも正規科目として「インターンシップ」「ボランティア」がある）と、民法、労務論（労働法）、簿記論などの**ビジネス系正規科目**は、単位認定される科目で学務部教務チームが管轄しており、右側のキャリアセンター主催の「ハイパワー講座（高度就業力養成講座）」や「キャリア開発サポートゼミ」及び「業界詳解講習会」については、キャリアセンターが企画して実施しています。また、これらの他にも教育職員対策講座や公務員行政職対策講座にも力を入れています。

〈注〉

1　中川直毅編 『要説 キャリアとワークルール（第 3 版）』 三恵社　2021 年　24 頁〜
　　25 頁引用

2　中川直毅編 『要説 キャリアとワークルール（第 3 版）』 三恵社　2021 年　23 頁参照

3　大学や短期大学のキャリアセンターは、職業安定法の特例により、職業紹介を適法
　　に行うことができる。

4　キャリア教育は一括支援、キャリア支援は個別支援のこと。大学におけるキャリア
　　教育であれば、学生が教養となる知識を身につけ、専門的な知識を高めることを、
　　大学教育などで学び、それらがスムーズに社会人になってもつながっていくように、
　　学生が働く前に、働く意義、社会の仕組み、ワークルール、職業や企業の動向や雇
　　用問題の認識などを通じて、時代の変化や景気の変動などにも柔軟に対応できる知
　　恵を伝え考えてもらいながら、社会への橋渡しをしていく仕組み。キャリア支援は、
　　大学のキャリアセンターが中心となって、就職活動を促進する情報の提供や専門資
　　格を持った職員等によるキャリア相談による個別支援の仕組み。中川直毅編 『要説
　　キャリアとワークルール（第 3 版）』 三恵社　2021 年　29 頁〜 30 頁参照

5　学生・求職者・在職者等を対象にして、職業選択や能力開発に関する相談・助言を
　　行う専門職。職業能力開発促進法に定められた国家資格。

6　「キャリア二刀流」は、名古屋芸術大学の学生に関するキャリア形成についての考
　　え方。キャリアセンターにおいて提唱され、キャリア教育などもこの考え方に基づ
　　き展開されている。

〈参考文献〉

武石恵美子 『キャリア開発論』 中央経済社　2016 年

中川直毅編 『要説 キャリアとワークルール（第 3 版）』 三恵社　2021 年

DISCO 編 『名古屋芸術大キャリアガイドブック 2022』 DISCO　2021 年

日本キャリアデザイン学会監修 『キャリアデザイン支援ハンドブック』 ナカニシヤ出
　　　版　2014 年

1. 社会人基礎力について

1−1 社会人基礎力の必要性

　社会人基礎力とは、2006 年に経済産業省が提唱したもので、高校生や大学生が社会に出てからも渡り合っていける、或いは様々な場面で活躍できるとされる、**前に踏み出す力**、**考え抜く力**、**チームで働く力**の**3 つの能力**のことです。学生の皆さんはキャリアなどの授業で良く耳にしていることだと思います。また、シラバスなどで教育目標などとして掲げられていることから、教育現場においても大いに意識されているも

出典：経済産業省ホームページ

のです。この三つの能力は、**12の能力要素**から構成されており、ひと言で表すと**社会人として通用する力**ということになります。

社会人基礎力は、役所に言われるまでもなく、従来から存在していた考え方です。したがって、前述のように12の要素以外のものが加えられて説明されることもあります。そもそもこの力は、基礎学力や専門知識は持っているものの、実際的には職場の一員として、周囲との関係を良好に保てないというケースがしばしば見受けられたことから、これらを克服するための力として考え出されました。業種・業界を問わず、社会人として活躍するために共通して求められる基礎的な能力、いわば社会人の常識的な基幹能力として定型化されたものです。

もっとも、経済産業省は昨今においては、人生100年時代や第4次産業革命のキーワードの下に、人生100年時代の観点から、社会人基礎力は更に全世代的なものとして、その重要性は益々増しているものと広報しています。人生100年時代については勘ぐるところもあり、その真偽は個々人で見極める必要がありますが、少子高齢化が急速に進む中、総論的には必要な考え方だと思います。なお、「人生100年時代の社会人基礎力」については、第13講で詳しく解説しています。

社会人基礎力の他にも、役所は色々提案を試みています。内閣府の人間力戦略研究会が2003年に発表した報告書に記載された「人間力」や、2008年に文部科学省の中央教育審議会で報告された「学士力」などもあります。また、厚生労働省も2004年に「就職基礎能力」を発表しています。

人間力については、人が社会を構成し運営すると共に、自立したひとりの人間として力強く生きていくための、「知的能力的要素」「社会・対人関係的要素」「自己制御的要素」の各要素をバランスよく兼ね備えた総合的な力であるとされています。分かり易くいうと「自分の考えを確り持って、絶えず努力を重ね、社会の構成員としての務めを責任を持っ

「人間力」

**社会を構成し運営するとともに、
自立した一人の人間として力強く生きていくための総合的な力**

※次のような要素を総合的にバランスよく高めることが、人間力を高めることと定義

構成要素	内容
知的能力的要素	「基礎学力」（主に学校教育を通じて習得される基礎的な知的能力）、「専門的な知識・ノウハウ」を持ち、自らそれを継続的に高めていく力。また、それらの上に応用力として構築される「論理的思考力」、「想像力」など。
社会・対人関係力的要素	「コミュニケーションスキル」、「リーダーシップ」、「公共心」、「規範意識」や、他者を尊重し切磋琢磨しながらお互いを高めあう力など。
自己制御的要素	上記の要素を十分に発揮するための「意欲」、「忍耐力」、「自分らしい生き方や成功を追求する力」など。

出典：内閣府「人間力戦略研究会報告書」（2003 年 4 月）資料から抜粋

て果たせる力」[3] ということです。学士力については、学士課程の各専攻分野を通じて培う力であり、教養を身につけた市民として行動できる能力と定義されています。また、厚生労働省の発表した**就職基礎能力**[4]は、基礎的なものとして比較的短期間の育成訓練により向上可能な能力であって、企業が採用にあたって重視し得るものとされています。

このように、社会人基礎力、人間力、学士力、そして就職基礎能力と役所ごとに、2000 年代から色々と提案されてきましたが、筆者は、**「人間力は、社会で生き抜いていく基盤となる力であり、社会人基礎力は、社会での立場を推し進めていく力ではないか」**と考えています。したがって、右図のように、人間力を基底として、社会人基礎力の要素となる力と各自の専門領域における専門力を備えれば、どんな時代

になっても困難を乗り超えて陽の照たるキャリアを築いていける力を備え得るものと思います。

もっとも、その後に人材育成系の民間企業の影響を強く受けることとなり、昨今の面接などでの評価基準においては、著者の知る限り、前述の社会人基礎力を応用改良した評点項目が使われていることが多いと思います。したがって、就活対策としての観点からは、先ずは社会人基礎力を構成する能力要素を確り理解しておくことをお勧めします。

1-2　社会人基礎力を学ぶ

　ここでは、社会人基礎力の概要（「前に踏み出す力」「考え抜く力」「チームで働く力」の３つの能力と 12 の能力構成要素）とその養成上のポイントを、企業等の組織体の視点を以て話を進めていきます。就いては、学生の皆さんは、企業に勤めているものと仮想し、或いはクラブ活動や大学祭の準備委員会などの組織運営を想定して、若手社会人の皆さんは、勤めている企業等の組織体を或いは勤めていた頃のことを思い浮かべて読み進めて下さい。

（１）前に踏み出す力

　前に踏み出す力とは、一歩前に踏み出し、困難が立ちはだかっても、失敗しても、粘り強く取り組む力のことで、いわばやり遂げる力のことです。指示されたことを待っているだけでなく、何事も能動的に行動していくことです。

　①主体性

　　　物事に進んで取り組む力です。自らが考えて自らの意思で実行していくことです。この際、もちろん当事者としての意識を有していなければならないのは当然のことです。日頃から、勤務先で仕事をしていることについて「自分は『なぜ』この仕事に取り組んでいるのか」や「この仕事は『どのように役立つ』のか」などと考えるようにすると良いと思います。

②働きかけ力

　　他人に働きかけ巻き込む力のことです。仕事は一人でできることには限界があり、しかも専門性も高度なことが求められている時代です。自分ができる領域の拡大やその質を高める努力は続けていく必要がありますが、出来ないことや足りないことは、仲間を募って補って貰うことです。そのためにも、自己分析して、不足な点や苦手な箇所を把握しておく必要があります。また、仲間を募っていくためにも、目的のベクトルを同じ方向にしていく工夫も必要です。

③実行力

　　目的や目標を設定し、確実に行動していく力です。「やる気」「必要なスキル・技術」は実行に不可欠な要素ですが、ここに明解な「目的意識」を備えて、積極果敢に実行していくことです。このためにも、行っている理由としての目的意識を自己完結で必ず作って（自然にできる場合もある）、ゴールを予想しながら継続的に取り組むことになります。

（2）考え抜く力

　何事にも「なぜ」と疑問を持ちながら考え抜く力のことです。課題を見つけて、その課題解決のためのプロセスを考えることです。

　　◆問題とは何かについても説明します。

　　　　問題とは、現状とあるべき姿とのギャップのことです。ギャップを埋めることが問題解決の目的となります。問題には複数の原因（要素）があり、解決するにはその原因の除去が必要です。したがって、問題解決自体が「目的」であり、その原因を除去する行動が「課題」、つまり「目標」ということになります。これらの対応を「課題に対応」するといいます。「目的は、目標という要素により構成されており、目標を解決していけば、自ずと目的

は完遂され問題は解決する」ことになります[5]。

①課題発見力

現状を分析し、問題（目的）や課題（目標）を明らかにしていく力のことです。問題を発見するには、常日頃から、自己の行動やその環境に対して、「良くなる方法はどのようなものか」「何が根本的な原因なのだろうか」などと問題意識を持っていることがその力の養成に役立ちます[6]。

②計画力

課題解決に向けたプロセスを明らかにして準備する力です。計画力とは「事前に問題解決のプロセスを想定しておく」及び「不測の事態における方針転換」などの複数のプランを用意しておくことです。

企業運営などでは、先ずは、経営の三要素たるヒト・モノ・カネを準備しながら組織づくりを進め、役割分担を定めていき、組織内でこれらを共有し、ベクトルの軌を一にしていきます。これが「問題解決のプロセス構築」作業です。そして、「不測の事態」を招くような場合などでは、思い切りと根拠に従いながら、決断していくことが大切になってきます。

③創造力

新しい価値を生み出す力のことです。今までの常識や固定観念を払って、課題などに対して適切な解決方法を考えていくことです。クリエイティブである必要があるため、一般的な方は、考えていることを図表などにまとめるなど、日頃から概念化することを意識して行うとこの力の養成に役立ちそうです。

（3）チームで働く力

チームで働く力とは、チームとして多様な人達と共に、目標に向けて協力していく力のことです。社会人となれば協調性だけに留まらず、協

働力も求められてきます。

①発信力

　　自分の意見を分かり易く伝える力です。他者の意見を尊重しつつ、論理的に、そして根拠を以て、相手に理解して貰うように丁寧に伝えるようにします。本を読んで語彙力を増やし、文章を書くことで力がついていきます。

②傾聴力

　　相手の意見や話を丁寧に「聴く」力のことです。人の話にじっくり耳を傾けて聴く力のことで、相手に寄り添うように共感し頷きながら、話しやすい環境を作り、適切なタイミングで質問をすることで、相手の意見を引き出していきます。

③柔軟性

　　意見や立場の違いを理解する力です。自分の中にあるやり方や習慣、ルールに固執や執着するなど、強く主張することは控えて、相手の意見や立場を尊重することです。もっとも、相手に同意することとは違いますので、その点は留意して下さい。

④状況把握力

　　自分と周囲の人達や物事との関係性を理解する力です。一見自分には関係のないようなことでも、常に自分にも関係あることと捉えてみることです。手の届く範囲だけでなくもっと遠くのことも理解に努めてこそ、真の状況把握ができます。チームで仕事をする際は、自分がどの様な役割を担っているかを確り認識するようにしてみて下さい。

⑤規律性

　　社会のルールや人との約束を守ることです。人として当たり前のことですね。

⑥ストレスコントロール力

　ストレス解消やストレス解決に対応する力です。ストレス解消は一時的なものですが、ストレス解決は継続的なものです。そしてストレスには、「コントロールできる」ものと、「回避するべき」ものがあり、それを選別し対応していく力のことです。

a) コントロールできるストレス

　内部ストレス（出所が自分の失敗や感情の揺れなど）は、コントロールしていくべきストレスです。この場合には、「なぜミスをしたのか」「なぜ迷惑をかけたのか」など、自分に対して「なぜ」と自問してみることで、考え方や態度を改めることができます。

　人間関係のストレスも同様です。苦手意識を感じる人に出会った場合、嫌な奴だと考えず、「嫌だと思わない面」を探す、「出来るだけ接触しない」などで、ストレスコントロールしていけます。

b) 回避するべきストレス

　外部ストレス（根源が自分以外から受けるものなど）は、他人から受ける理不尽なことや、自らの努力では解決しないようなことです。

　このような自己に落ち度のないストレスは弊害となり、統制不可能で改善もできず、モチベーションの消失につながります。繰り返すと病気になってしまうこともあるので、完全回避を試みることです。

◆ストレスを招かないコツ

　世の中には必ずストレスがあります。できるだけストレスを招かないようにする、誰にでもできる方法を提案しておきます。

　・積極的にストレスを経験してストレスが掛かる際の考え方

や特徴を認識しておく。大変なことを乗り越えて、ストレス耐性が身につくことは良くある。

- 常にポジティブに考え楽観視する。「過去のことをクヨクヨしても仕方がない、何とかなる」と万事に思う。実際も何とかなるものだ。
- 起こりもしそうでない「先のこと」を想像しない、思わない。後から振り返ると、つくづく時間の無駄だと実感できるものだ。
- ストレスをエネルギーに変える。納期があるから、定期試験があるから、頑張りが効いて、褒められることもあれば、学力が身につくことなどもある。
- 呼吸や感情でコントロールしてみる。「自然に触れて野鳥の囀りを聞こう」「スポーツジムで汗をかこう」「読書の目標週三冊」など自分に合ったストレス解消法を探してみる。

1-3　何を学んでいくのか

　社会人基礎力には沢山の能力要素があることから、皆さんは、どれを優先的に備えて努力をすれば良いのかと考え込んでしまうのではないでしょうか。経済産業省が2千数社の企業にアンケート調査[7]したところに拠ると、採用時に重視する能力は、「29歳までの若手社員に不足がみられる能力」であるとして、8割の企業が**主体性**を挙げています。次位が**実行力**でした。したがって、就活対策としては、先ずはこの二つの能力を理解しそれを有するための努力をすることについて、認識しておくことをお勧めします。したがって、自分の意見を持つことで主体性を保ちながら、在学中に体系的に専門力を学ぶ、語学のライセンスを認定されるなどを計画的に行うようにすることも一考であると思います。

2. 基礎学力と人材

2-1 産業界が求めている人材

　1990年代に入り、大学入学定員の拡大や奨学金制度の緩和などの複合的要素が相俟って、大学進学率が飛躍的に向上する環境が整い、これらに入試制度改革によるAO入試などの受験科目の負担軽減制度の導入が重なり、大学生の急速な量的拡大が図られていきました。これらに比例するかのように、大学生の基礎学力の低下が、個別企業に留まらず産業界において問題視されるようになりました。社会人として働く上での基礎力としてのコミュニケーション力や行動力、ひいては一般常識やマナーの欠如まで問われることになったのです。

　このようなことを背景に、企業は従来のOJT教育を中心とするものから、幅広いアイテムを揃えた企業内教育の充実に努める一方で、採用試験の各段階での選別を強化しつつ、「どのような業務ができるか」を求めるのではなく、「入社後にどのような活躍ができそうな人材」かの視点を以て選考を行うようになっていきました。このようなことから、企業の採用面接においては、学生の人物面と基礎能力の見極めに主眼が置かれるようになり、SPI試験のような適性試験も実施され、可能な限り企業内教育での効果が発揮される人物の選定に意を注ぐようになってきたのです。

　このようなことから、企業が求める「活躍できそうな人材」の要件に該当さえすれば、内定が貰えるという理屈になるのですが、この要件が当然ながら企業によって違うことから、昨今の就活の難しさが生じ、現下の就活対策花盛りという状況につながっています。

　また、産業界から大学教育に求める切実な声が上がっていたのは、主として、**基礎的な職業観の形成**と**働く上でのコミュニケーション力の養成**（後述）の領域だったのですが、基礎的な職業観については、大学で

のキャリア教育の充実により随分向上しているものと思います。

2-2　コミュニケーションの方法

　ここでは、社会人基礎力の発信力や傾聴力と重なりがちな箇所ではありますが、**基礎学力としてのコミュニケーション力**についてお話しします。これはそんなに難しいことを要求している訳でもなく、単に伝える力で、**「聴く」「書く」「話す」「読む」**の力のことであり、これらは基礎学力に付随するものです。もっともそれ故に、基礎学力が身についていないと、なかなか習得には苦労するものではあります。もっとも多数の方は、就活の時期になって初めて意識して勉強し直すことも多く、付け焼刃的で表層的な覚え方で一時しのぎとなりがちです。したがって、これらをでき得ることならば、学生生活の日常において意識しながら過ごして欲しいものです。

　これらの力を養成するために留意することを、ワンポイントアドバイス的に次に記しておきます。

　①聴く力（傾聴力）

　　　前述していますが、確りと相手の話を聞くような場合には、相手の立場に立ち、相手に興味を持って、相手に心も姿勢も向き合うように「共感」を意識しながら、頷き、そして質問も入れながら話を聴くように心掛けることを積み重ねることです。

　②書く力（文章力）

　　　本を沢山読み、不明な語彙は辞書で調べることを習慣化していきます。そもそも言葉の意味を知らないと文章が読めないし、文章を作ることもできないものです。そして、接続詞及びいわゆる「てにをは」の助詞の使い方を理解することも大切です。その上で、起承転結を意識して、読点も適切に使用して冗長とならないように工夫しながら、文章を億劫がらずに積極的に書いていくことです。

③話す力（会話力）

　　会話力が優れているのは、「聴き上手で相手の話を引き出すのが上手く、誰にでも親しみを以て話しかけることができ、話題も豊富。そして自分の意見も確り伝えることができる」といったものです。しかしこれらの要素を全て満たすのは大変です。したがって先ずは、「相手の伝えたいことを確り聴いて、相槌を打ちながら知る」「相手との共通点を見つける努力をする」「相手の目を見て、ハキハキと話すことを心がける」「教養的な知識を増やす」ことを意識して行動するようにしてみることです。

④読む力（読解力）

　　いちばん難関かも知れません。勉強する上でも基底となる読解力を有するには、先ずは、知っている言葉を増やすことが肝要です。その上で、「語彙力」「要約力」「思考力」を確りとバランス良く自分のものにしていくことです。

　　　◇語彙力を高めるには、言葉の意味を知らなければ文章自体が理解できません。常に新聞や本などの情報に触れ、知らない語句は辞書などで調べることを習慣づけることです。また特に心に残った文章は、是非そのまま書き写して何回も読み返すこともお勧めです。

　　　◇要約力とは、文章の要点を押さえて、その事実を読み取って要約する力です。これは本を読む力でもあり、読書力ともいいます。要約する過程で、重要ポイントを確りと読み取りまとめるものです。沢山の文章を読んで要約し整理すれば比例して力がつくはずです。

　　　◇思考力は、興味のある分野を中心に、文章を読みその内容のイメージトレーニングをして下さい。知識や経験が増えるのと比例して、「思考力」を上げることができます。

〈注〉

1　中川直毅編 『要説 キャリアとワークルール（第 3 版）』 三恵社　2021 年　32 頁〜34 頁参照

2　人間力戦略研究会報告書として 2003 年 4 月 1 日に発表された。

3　中川直毅編 『要説 キャリアとワークルール（第 3 版）』 三恵社　2021 年　32 頁引用

4　厚生労働省職業能力開発局が 2004 年 1 月 29 日に「若年者の就職能力に関する実態調査の報告書」として発表。

5　中川直毅編 『要説 キャリアとワークルール（第 3 版）』 三恵社　2021 年　140 頁参照

6　中川直毅編 『要説 キャリアとワークルール（第 3 版）』 三恵社　2021 年　145 頁参照

7　経済産業省産業人材政策室 「企業が『求める人材像』調査」 2017 年 11 月調査。

8　SPI 試験は、適性検査の略語で、「能力検査」と「性格検査」に分類される。8 割程度の企業が導入している。能力検査は知的能力の測定で、言語分野と非言語分野で構成されている。言語分野は、コミュニケーションや思考力、新しい知識・技能の習得度合を測るもので、「言葉の意味や話の要旨を的確に捉えて理解できる力」を試す問題を解かせる。非言語分野では、数的処理や判断推理と呼ばれる「論理的思考力を試す」ものが問題として出題される。また、性格検査は、応募者の人間性を知ることを目的に、「日常の行動特性や考え方」を質問形式で行い仕事や組織へ適合性などを試す。

〈参考文献〉

稲本恵子編著 『大学生のキャリアデザイントレーニング』 晃洋書房　2020 年

古関博美編著 『わかりやすい キャリア学』 学文社　2018 年

若松養亮・下村英雄 『詳解 大学生のキャリアガイダンス論』 金子書房　2012 年

第2章

就活スキル編

1. 面接の意義

1-1　新卒採用の面接の意義

　企業の人材採用の方法には、**新卒一括採用**（以下「新卒採用」という。）と中途採用のふたパターンがあります。[1] 本講では、新卒採用の面接を取り上げていきます。

　先ずは、新卒採用の選考スケジュールについて説明します。これは3月卒業予定の学生を対象としています。企業はその1年以上も前から、会社説明会の開催などの広報活動を通じて企業名等の周知に努め、数回の選考を重ねていきます。そして毎年10月に内定通知を発する、又は内定式を行うという選考の流れのことです。多くの企業がこの流れで採用活動をしています。

　また、いわゆる「就活ルール」とは、経団連が主導してきた採用選考の指針のことです。従来は、この指針により、広報解禁日と選考開始日の時期を一律に定めていましたが、これが2018年10月に廃止され、現在では政府主導で行われています。この選考スケジュールでは、毎年凡そ、広報解禁日が3月1日、選考開始日は6月1日となっています。もっとも、企業の実際の動きは、3年生の夏休みと冬休みに実施するインターンシップを通じて学生の皆さんと接触を図りつつ、選考につなげていくようにしています。表向きと実際が異なる傾向が強まっていますので注意が必要です。

　インターンシップについては、本来的には、**インターンシップ**は「就業体験」のことであり、そもそも新卒採用の選考とは無関係に実施され

ているものでした。徐々に変遷を辿り今では制度自体の本質的な変化がみられます。しかも現実的には、企業は、インターンシップに参加した学生に注目しており、インターンシップでの学生の取り組み方等を一定基準で評価することで、採用選考の指標としているところが多くあるのが実情であり、この点は留意して下さい。

　新卒採用は、諸外国には余り例のない仕組みです。その特徴の一つとして、**総合職**の採用が挙げられます。例えば、就活を行う学生は、企業の選考を受けるにあたって、実は即戦力としてのスキルは求められていないのです。企業は新規学卒者を採用した後に、**ジョブローテーション**[2]で様々な仕事を経験させながら、企業内教育を施すことで自己の社風に合った人材育成を図っているのです。最近のトレンド的な発想からは死語化しつつある終身雇用については否定感があるものの、未だに同一企業における長期雇用を前提とした人材育成を重視する風潮も根強く、この方法は合理的な考え方[3]だとされています。

　総合職は、専門性に特化した者を採用するものではないことから、選考の際に重視されるのは応用的なスキルや専門知識を具体的に求めている訳ではなく、社会人基礎力に重点を置き、その学生の潜在能力と人間性を探索していくものです。このような理由から、企業の人事部や人事課（以下「人事部」という。）がインターンシップの取り組み状況を選考において参考情報とするのも、できるだけ日常的に学生の考え方や行動を観察することができる点で便利であり、その人物をよく知ることができるとの視点からなのです。

　新卒採用の選考方法には、書類選考、筆記試験、適性検査やストレス検査、そして**面接試験**[4]などがありますが、何れもが学生の人物面と基礎能力をいかに見極めるかがポイントとなります。とりわけ面接試験については、人事部は、曖昧で見えにくい潜在能力と人間性を測るための極めて有効なものとして重要視しています。もっとも、その見極めは面

接官の眼力により左右されるなど甚だ難度の高いものです。そこで評定誤差のようなヒューマンエラーが生じないように、新卒採用においては（中途採用では異なる）、一次・二次・三次等、複数回に亘り多人数の面接官による多視眼的な面接試験を行うことで、できるだけ多くの面接官の評価を通じて行い、評価に誤差のないようにして、採用人材を絞り込んでいくことにしています。

2. 面接の種類

2-1　新卒採用の面接形式

　面接試験には、次の様なものがあります。

　一般的なのが個人面接で、「志願者一人に対して、複数人の面接官が質問をしていく」方法です。中途採用の場合では、この方法が殆どだと思いますが、新卒採用では少し様相が変わり、多種な方法が組み合わせられています。新卒採用においては、一度に多くの学生が選考に臨むことや、人物的ないわゆる伸び代を中心とした潜在的なスキルや人間性という汎用的な判断基準の中でその人物を見極めなくてはならないからです。

　面接の形式も次表のように色々なものが使われています。

種類		形式と特徴
①個人面接	形式	学生1名に対し、面接官1～3名程度。履歴書やエントリーシートに基づき質問され、それに回答する。
	特徴	自己PRや志望動機等、深く掘り下げる質問をされる。
②集団面接	形式	学生複数名に対し、面接官2～3人程度。質問の内容は個人面接と同じだが、複数名の学生に対して同じ質問を行い、順番に答えていく形式。
	特徴	他の学生がいることから自分のペースが作りにくい。
③グループ討論 （グループディスカッション）	形式	学生複数名に対し、面接官1～3人程度。補助員がいる場合もある。テーマが出され、グループになって協議する。場合によっては結論を発表させることもある。
	特徴	チームで働く上での協調性やリーダーシップ等が試される。参加態度やチームメンバーへの接し方等がポイントになる。

2−2　面接対策のポイント

（1）個人面接

　個人面接は、最も一般的な面接形式です。志願者1名に対し、単独又は複数の面接官が質問をする方法です。特に学生応募者の数が比較的少ない中小企業においては、個人面接だけで選考を済ませることもあります。人事部としては、集団面接とは異なり他の学生の存在を気にする必要がないので、本人の本音を引き出しやすいものです。しかしその反面では、新卒採用の場合には、学生1名に対して、複数の面接官が向かい合うことから、学生の皆さんにとっては、社会人への馴れない接触による緊張感が無用に高まり、思うような回答ができないなど実力を発揮しきれないとのマイナス面もあります。もっとも、この点については、面接官が学生の緊張を和らげるような、趣味や郷土の話の質問から始めることや、穏やかな口調で語りかけるなどの工夫をすることで補完されています。

　学生の皆さんにとっては、個人面接を繰り返して場数をこなしていくことが、面接試験に慣れるための近道だと知っておいて下さい。そして個人面接を乗り切るために、業界や企業の特徴を調べ、自分がその企業に入ってどのような仕事がしたいか、何故志望するのか、そして企業生活を通じてどの様な社会人になっていきたいかなどを考え、自分の中で追究していくことです。結果として、それが自信につながり、面接試験で円滑な回答ができるようになります。これこそ目標を勝ち取る最良の実践的な方策です。この他にも、就活をどのくらい懸命に取り組んできたかを、企業に分かってもらうための場としての意義もあります。

（2）集団面接

　集団面接とは、複数の学生に対して同じ質問を行い、学生が順に答えていくというものです。そもそも大企業や人気企業には多くの応募者が集まることから、人事部の業務効率を高めるために考案された方法だと

されています。一度に多くの学生に対応でき便利なことから世に広まり、今では当初の意図に拘わらず、中小企業でも行われていることがあります。集団面接は、人事部にとっては、面接の効率や複数の学生を比較できるなどのメリットはありますが、本音を聞き出すことが難しいことから、一次面接のような初期段階で、大雑把な選定意図を目的として行われることが多いと思います。また、個人面接よりも一人当たりの回答時間は短くなる傾向にあります。

　一方、学生の皆さんにとっては、他者の発言を気にし過ぎて自分のペースが乱され、普段の力を発揮しきれないなどのデメリットがあります。もっとも見方を変えると、質問が限定されていることが多く、これらの回答を確り準備することで、寧ろ対応しやすい側面も持ち合わせています。ここでの質問は、新卒採用の面接試験の**三大質問**と呼ばれているもので、「**自己PR**」「**学生時代、熱心に取り組んだこと**」「**志望動機**」が必須事項となります。これらの対策は基本であり、新卒採用の面接対処の王道ということができます。

（3）グループ討論

　グループ討論とは、特定のテーマが与えられ、チームを組んだ複数の学生がそのテーマについて議論し、そのプロセスを人事部が評価していく方法です。議論させるだけの場合もありますが、テーマが質問形式になっていて、メンバーで協議のうえ結論を出して最後に発表させることもあります。進め方は企業によって様々ですが、例えば、最初に司会、書記、発表者という役割を互選で決めてからグループ討論を始める方法等があります。

　人事部は様々な視点でグループ討論を見ています。組織体では**チーム力の発揮**によって成果が拡大されることから、主眼となるのは、チームで仕事ができる人かどうかという視点です。これは**協調性**や**チームワーク**という言葉で表すことができます。企業で働くということは、チーム

で働くことであり、一人の意見だけで仕事は進められません。そのために課内での意見交換があり、会議体で組織としての決定を出し、事業を進めています。

　グループ討論での良くない例を挙げます。一人のメンバーが他のメンバーを論破してしまい、チームとしての結論が出せなくなってしまうパターンです。グループ討論で全く発言しないのも問題はありますが、発言量が多ければ良いという訳でもなく、正論を押し通すことが良いことでもありません。また、司会や書記などの役割を担えば合格するということもありません。大切なのは、他のメンバーの意見も取り入れながら、チームとしての意見をまとめていくことで、その前提に立って積極的に議論に参加することがポイントとなるので覚えておいて下さい。グループ討論では、人事部は、其々の学生のチーム内での発言を聞きながら**発想力**、**論理的思考力**、**表現力**といった能力や**積極性の有無**を評価しています。

3．面接の質問

3-1　質問の四分類
　新卒採用の面接は、事前に提出された履歴書に基づき進められます。三大質問のうちでも**「学生時代、熱心に取り組んだこと」**は筆頭株です。この質問事項は、具体的には次の四つに分類することができます。
　　　①趣味やアルバイト等の日常生活に関すること⇒**学外生活**の質問
　　　②学業やサークル活動など学生生活に関すること⇒**学内生活**の質問
　　　③仕事や将来のキャリアに関すること⇒**自己設計**の質問
　　　④ゼミなどでの専門的研究に関すること⇒**学業**の質問
　面接試験では、人事部の面接官は、目の前の学生応募者が仮に入社したとして、その人物が自社にどのような貢献をしてくれそうかで判断し

ます。「貢献してくれそうかどうか」という曖昧な表現にしているのは、理系の専門職採用とは異なり、新卒文系の総合職採用は即戦力として求められている訳ではなく、将来的に企業に貢献してくれるかどうかという潜在能力が重視されているからです。換言すると人物面が重視され、具体的なスキルというよりは行動特性や考え方を以て評価しているのです。一方、理系の技術職、研究開発職やデザイナー職等は学生時代の実績（研究成果や制作物）や具体的なスキル（専門ソフトが扱える等）が重視され、より具体的な判断基準によって選考されています。

　なお、新卒採用の面接では、学生が答えやすい日常生活についての質問から始めて場の雰囲気を和ませ、核心部分に入っていくことが人事部の常道とされています。

3-2　三大質問への対策

　新卒採用の面接では、「自己PR」「学生時代に熱心に取り組んだこと」「志望動機」の**三大質問**が定番的に使われており、これらは殆どの面接の基本として問われています。共通の対策としては、限られた時間内で相手に「何か」を伝えることが必要となるのです。先ずは、結論から述べ、何故そう言えるかという理由・根拠を補足していく流れで回答するのがポイントです。

（1）自己PR

　自己PRは、自分がどの様な人間であるかを面接官に伝えることです。面接試験の基本中の基本となる自己紹介的な対応もここに含まれますが、この部分について、思いつかない様では話が始まりません。

　もっとも、自己紹介だけでは自己PRは収まりません。自己PRで人事部が真に知りたいことは、学生の強みは何か、その強みを活かして自社にどの様な**貢献**をしてくれそうかということだからです。学生本人は、志望企業の事業を適切に理解した上で、企業が求めている**人材像**を把握

し、**自分の強み**を整理してそこと結び付けて答えるのが妥当です。

（2）学生時代に熱心に取り組んだこと

　この質問について、人事部は次の二つの物差しで評価をします。この点に留意して回答します。

　　①「どのような**価値観**を持っているのか、そしてその価値観は自社に合っているか」

　　　企業には百人百様の社風があり、重視される価値観も異なります。社風や価値観に馴染むことができないと、長く仕事を続けることは難しいのです。学生の皆さんは、会社説明会等に参加したら、その企業の社風や重視される価値観が何なのかを把握するように努め、回答を考えておく必要があります。

　　②「どのような**行動特性**を持っているのか」

　　　1990年代にコンピテンシーという考え方がアメリカで広まり、日本でも採用、能力開発、人事評価等に取り入れられています。コンピテンシーとは成果を上げる人、又は問題解決ができる人の行動特性を分析して定義したものです。人事部は「学生時代に熱心に取り組んだこと」という質問を通じて、学生の皆さんが「成果を上げるためにどんな工夫をする人物か」或いは「困難に直面した時にどんな行動を取る人物か」という視点で評価しています。その行動特性が普通の人が取り得る標準的なものなのか、普通の人より抜きん出た特別なものなのかで、評価の上下は変わります。[5]

（3）志望動機

　志望動機を形づくるのは、**業界・企業や職種に関する研究**です。これらを事前に確り調べておくことが志望動機の質を大きく左右します。人事部は「本当にこの学生は当社で働きたいと考えているのか」という視点で見ると同時に、志願者の能力も見ています。つまり、情報を収集・分析し、根拠を作れる力が試されているのです。また、入社に対する真

剣度が高いほど「内定辞退も少なくなるだろう」という点や、企業についての理解度が進んでいれば、「働いてみたは良いものの、想像していたのと随分違った」という入社後のミスマッチ防止にもなるというメリットもあります。

　三大質問の中でも「自己PR」や「学生時代に打ち込んだこと」は学生の皆さんにとっては他者と差別化し難いものです。社会人経験のない学生の中で、企業人の目に留まるような突出した強みや体験エピソードを持っている者はほんの一握りだからです。しかしながら、志望動機に関しては、**業界研究・企業研究**や職種研究をやっただけの分が比例して説得力のある回答として導き出せることから、一歩抜け出すためにも志望動機の作成は、確りと腰を据えてやることが重要です。

4. インターンシップの面接

　就活でのインターンシップの位置付けが大きいことは既に述べましたが、ここではインターンシップの個人面接について説明します。採用プロセスの就職試験の面接内容と類似していますが、異なることも多いので、**インターンシップ視点**で勘所を確り押さえて下さい。また、第8講「インターンシップと組織」を学んでから読み直すと理解が進みますが、この面接具合も心得ておくことは、本番の就職面接でも役立つことから、併せて再読すると、効率的な面接試験対応の知識が身につくと思います。

　短期インターンシップの個人面接では、大切なのは志望理由や自己PRでこれらが定番的な質問となります。

　①インターンシップへの志望理由を確認する質問

　　　この「インターンシップへの志望理由」の質問は、必ず聞かれます。インターンに対する熱意と意欲を問うことを意図した質問です。ここで注意すべきは、質問されているのは「就職の志望理

由」ではなく、あくまでも **「インターンシップの志望理由」** なのです。したがって、「この事業に携わりたい」「入社したらこんなことがしたい」というのでは不規則発言になってしまいます。したがって、ここでは、「自分がしたいことが本当にできるかを確認してみたい」「どんな能力が求められているのかを知りたい」「実際にどんな仕事が行われているのか体感したい」という、学んでみたい系の視点での回答が求められます。

　インターンシップの志望理由に関する、具体的な質問例には、次のようなものがあります。

志望理由に関する具体的な質問例
・インターンシップを志望する理由は？ ・インターンシップを通じて成し遂げたい目標は何か？ ・インターンシップに何を期待しているか？ ・業界に興味を持った経緯や理由は何か？ ・なぜ、他社ではなく、当社のインターンシップに参加したいのか？ ・何か質問はありますか？

　このようなことから、志望理由に関する質問では、目標達成意欲と向上心の強さ、研究意欲が試されます。

　目標達成意欲と向上心の強さについては、インターンシップを通じて、「将来やりたいことを実現するために、経験したいこと、知りたいこと」が明確になっているか、また、インターンシップに参加することに対して、どのような目標を設定しているのかが問われることになります。「業界・企業理解を深め、自分が将来働く姿を明確に描けるようになりたい」「自身の足りない点を認識し、補うための方法を学びたい」というように、自ら学ぶ姿勢を以て、前向きに仕事を捉えていくことも重要です。

　研究意欲は、志望理由に関する質問を通じて、学生がどのくら

い業界・企業研究をしているのかを推し測ろうというものです。情報収集力と分析力が試されているともいえます。業界の特徴、各企業の経営理念や、強み弱みを調べた上で、なぜ他社ではなく、その企業のインターンシップを志望するのか、自分なりの考えと熱意を表現することができると良いでしょう。また、「あなた（学生）から何か質問はありますか？」と問われることが多くあります。採用の面接試験でもついつい軽く見がちですが、実はとても重きを置かれている質問なのです。予め情報収集をしてきたかが見られています。ホームページや説明会の公開情報から一歩踏み込んだ質問や、企業や事業に関しての疑問を質問できるよう努めて下さい。

②学生の資質を確認する質問

　　学生の**資質（能力・センス）**を測る質問です。企業としても、優秀な学生に参加して欲しいという意図もあり、学生の地頭や現時点でのビジネススキルを測っています。

　　そもそも新卒採用はポテンシャル採用が主流なのですが、インターンシップではスキルも重要視されています。ポテンシャル採用の意味するところは、現時点での能力を基準に採用するのではなく、長期間勤続することを前提に、将来的に企業に利益をもたらすだけの成長可能性（ポテンシャル）を基準として採用するものです。

　　もっとも、インターンシップの選考は完全に別物です。企業は、優秀な学生と早期に接触したいという意図で、実のところはインターンシップを開催しているのです。いわばコア人材の早期確保を意図しているとの見方も可能ですし、そのような企業も多々見受けられます。そのため、現時点での能力を基準に選考を行う、又は事前の人材探索を行っているということなのです。ここは要

注意です。

　学生の資質（能力・センス）を確認する質問例には、次のようなものがあります。

学生の資質（能力・センス）に関する具体的な質問例
・学生時代注力したことは何ですか？ ・あなたの強みは何ですか？ 　その強みをインターンシップでどのように活かしますか？ ・あなたの弱みは何ですか？ ・周囲の人からは、どんな人だと言われますか？

　これらの質問では、あなたの**行動特性**と**自己理解力**が試されています。

　定番的な質問としては、「学生時代に注力したこと」というものです。「学生時代頑張ってきたこと、なぜ頑張ったのか、どんな挫折があったのか、それをどう乗り越えたか、何を学んだか」といった経験を問います。学生の過去の事例（アルバイトをしながら学費を稼いだ、フルート奏者として大会入賞したなどの自己の事績が中心）に基づいて、その人が**成果を残すための行動特性**を持っているのかを調べています。この質問に関連して、「取り組みの中で困難なことはありましたか?」「その困難を乗り切るためにどんなことをしましたか?」という聞き方がされる場合があります。これは、何か問題が生じたときに、その問題とどのように向き合う人なのか、そして、どのような考えや行動によってそれを解決しようとする人なのかという**行動特性**を読み取ろうとしているからです。

　自分の強みや弱みに関する質問は、**自己理解力**が試されているといって良いでしょう。また、他人からの評価と自己評価との違いを客観的に捉えることができているかについても、**自己理解力**

の強さが測られています。

　自分の強みについては、その活かし方を認識しているかどうかも重要なポイントです。その企業の事業や仕事の特徴、インターンシップの内容を調べた上で、「強みをインターンシップのこの部分に活かしたい」ということを、説得力を以て言えるように準備しておいて下さい。自分の弱みについては、「自分に足りないものは何なのか」という問題意識や「足りないものを補うために努力すること」という向上心の強さまで表現できるとなお良いと思います。

③その他の質問

　上記以外に頻出の質問には、**学業への取り組み**（ゼミの研究内容など）に関する質問や**趣味・特技**についての質問があります。

　学業への取り組み（ゼミの研究内容など）については、どのような分野に関心があるのか、また、学業に取り組む前向きな姿勢を持っているかが問われています。関心のある分野については、インターンシップを志望する企業の事業との関連性を意識して、なぜこの分野に興味を持ったのかとの理由が明解できればよいと思います。

　社会人として仕事をする上では、自ら学んで身につけた知識を活かすことが求められており、日々起こる問題を発見し、それを解決するための研究的態度が必要なのです。学業に取り組む前向きな姿勢はもちろん、勉強のために工夫していることや、どのような切り口で論文作成や作品作成に取り組んでいるのかなど、自分なりの考えをまとめて表現できれば更に良くなります。

　趣味・特技についての質問では、学業以外で関心のある分野、人柄やストレスに対する反応が見られています。学業以外でどのような分野に関心を持っているのか、多趣味で色んなことに関心

がある人なのか、一つのことに熱中する人なのかなどの人柄も分かりますが、スポーツや趣味で、ストレスに上手く対処できる人かどうかという視点もあります。なお、学問が好きな学生が、本格的に趣味やスポーツをやっていることや、逆にスポーツをやってきた学生が、読書を趣味にしているという、意外性を強調できると好印象を持たれると思います。

インターンシップの個人面接対策としての準備は、一般的な対策としては何をすべきかとの視点で述べます。ここは皆さんの魅力を伝える貴重なチャンスと思うことが大切です。その上で、エントリーシートなどでは見えてこない、熱意や個性たる魅力を、確り伝えていきたいものです。

①企業の研究

　熱意を持って取り組んでいることを伝える上で、企業研究は対策の大黒柱的な存在です。その企業の事業内容を確りと調べておいて下さい。

②インターンシップの内容を調べる

　その企業では、どのような内容のインターンシップなのかを調べます。そして、インターンシップでどの様なことを学びたいのか、そして其のことを今後のどのような学びの展開としていくのかを明確にして下さい。

③どのような人を必要としているのか

　事業は人です、組織も人です。働く人の性質や雰囲気は、業界や企業によって大きく異なります。その企業の社員を知ることは、その会社の社風を知ることにもつながります。なかなか難しいことではありますが、可能な範囲で、実際に企業で働く社員の方に聞いてみることや、就活サイト等で情報収集に努めましょう。

④自分の軸を明確にする

　自分の魅力を企業に伝えるためにも、「自己分析」をして、自

分を振り返ってよく知っておきたいところです。色々な場面での譲れない自分、妥協線を知っておく必要があります。大学キャリアセンター（キャリア支援室、就職相談室など大学により様々な組織名となっている）などで配布されている自己チェックシートなどで整理してみることも良いと思います。

⑤自分の行動指針や興味のあるものは何か

　皆さんの過去の行動をおさらいして、表現できるようにしておきます。今迄で、「頑張ってきた」「辛かった」「大きな選択を下した」「楽しかった」「幸運であった」ことなどのシーンを思い出してみます。そしてどのような判断軸を以て行動したかを考えてみて、自己の行動指針や興味のあることを浮かび上がらせて、一覧表にして整理しておくと良いでしょう。

⑥このインターンシップに何故参加したいのか

　企業に関する理解、自己に関する理解を深めて、整理した上で、自分がなぜインターンシップに参加したいのか再考してみます。

　その企業に就職したいからか、業界について知りたいからか、仕事自体の実際を知りたいのか。この際、インターンシップという機会を最大限に活用するのが得策です。

5. 採用活動のオンライン化

　オンラインによる採用活動（以下、「オンライン採用」という。）は以前からあったものの、新型コロナ禍によりその対応を余儀なくされた企業が増加することで、現在では標準的なものになっています。もっとも、新型コロナ禍の影響の有無に関わらず、オンライン採用を行っていた企業があるということは、そこに何らかのメリットがあったということになります。対面による説明会や面接の場合は、会場を設営して、一定の

時間に説明者や面接官に集まってもらい、応募者を動員しなくてはなりません。多くの応募者がいるような場合には、待合室の準備や誘導係を複数人配置しなくてはならないなど、準備に多くの時間と労力がかかります。一方、オンラインによる説明会や面接の場合だと、通信環境の設定は必要ですが、会場で行う対面に比べて運営工数を減らすことができ、参加する人達の場所も問わないため、人的コストの削減や時間短縮という点においてメリットがあります。また、時間をかけずに数多くの求職者と会えるというメリットもあるでしょう。

　もちろん、メリットばかりではありません。オンライン選考のデメリットとしては、コミュニケーションに関する幾つかの問題が挙げられます。先ずは、対面での面接等に比べて、求職者の人柄が掴みづらくなるということがあります。人事部の面接担当者は、質問と受け答えを繰り返しながら、求職者の表情や仕草、声のトーン等を読み取って、その真偽を探っていきますが、オンラインでは相手の雰囲気が掴みづらくなります。次に、オンライン面接の場合だと、通信機器を通じて「話す」「聴く」という行為を行うため、コミュニケーションにストレスがかかり、一連の流れが形式的になりがちでもあります。とりわけ、人事部で有望だと考えている採用候補者に対しては、面接の前後で候補者への期待や入社メリット等を伝える（いわゆる「動機付け」や「口説き」と呼ばれるもの）ことがありますが、オンライン面接の場合には、こういった正規の選考外でのコミュニケーションを取ることが難しくなります。

　一方で、求職者である学生の視点に立てば、移動費用と時間を抑えることができるため、経済的なメリットがあると同時に、遠方の企業の説明会や選考に臨めるため、企業選びの選択肢を増やせるというのも魅力です。しかし、実際に社員と会って話をすることや、社内の雰囲気を感じることができないため、企業理解が深まらず、不安を抱く学生もいるようです。

先述の通り、今や、オンラインによる面接は標準スタイルです。オンライン面接の具体的な対策が対面の面接と異なるかといえば、そんなことはなく、**基本的には同じ**です。但し、面接の途中で通信が途絶えたり、機器に不具合が起きたりしないよう、事前に通信環境の設定をし、音声や画像が問題なく送受信できるかどうかを確かめましょう。その他は、本講で解説した要点を押さえ、質問に対する回答を確りと準備しておきましょう。

【オンライン説明会・面接のメリットとデメリット】

区分	メリット	デメリット
企業	・数多くの求職者と会える ・運営工数が減る ・遠方の求職者と会える	・求職者の人柄が掴みづらい ・採用候補者の動機付けが難しい ・オフィス（設備）のアピールができない ・社内の雰囲気を伝えることができない
学生	・移動費用・時間が抑えられる ・遠方の企業に応募しやすくなる ・就職活動の時短効果がある	・実際の社内の雰囲気を感じることができない ・コミュニケーションが淡白になり企業理解が浅くなる

〈注〉

1 　昨今では「通年採用」制を採用している企業もある。通年採用とは、企業が年間を通し、時々の必要性に応じて採用活動を行うことで、多様なニーズに応じた即戦的な優秀人材の獲得を目指すもの。

2 　ジョブローテーションは、人材育成を補完的に行う施策のひとつ。計画的に異動させ、多くの仕事を経験するなかで、幅広い業務知識を習得させ総合的な能力開発を制度的に行っていく。メリットは、「社員の視野の拡大が可能」「社員の適性を見出すことが出来る」「適材適所の配置が出来る」などが挙げられる。また、仕事のマンネリ化を防ぎ社内の活性化にも役立ち、ブラックボックス化を防ぐことで不正防止にも効果的だ。

3 　別の言い方をすれば「理に適った」ことといえる。

4 　口頭試問と面接について。昭和戦前期までは、すべての面接は口頭試問と呼ばれており、知識領域の幅と深さを目的に行われていた。ところが、昭和15年に国家機関の総力戦研究所の研究生を選ぶ際に、知識や学力だけではなく、一人ひとりの人物も詳しく知り人間性をも重視すべきこととなり、その分野の適切な言葉がなく、熟慮の結果、松田千秋陸軍大佐が、異なる意味で使われていた面接という言葉を、新語「面接」として充てることを創案。以後口頭試問は学力などを試すものとして使用され、そこに人間性をも図る場合には「面接試験」という言葉が使われるようになった。なお、総力戦研究所とは、昭和15年9月に勅令を以て、内閣総理大臣直轄の組織として設立され、各官庁・陸海軍・民間などから選抜された若手エリートを集めて研究生とし、国家総力戦に関する基本的な調査研究と総力戦体制に向けた教育と訓練を目的としたものであった。

5 　最近ではコンピテンシーを集中して掘り下げていく「コンピテンシー面接」という面接手法も広まってきています。こちらは特殊な質問スキルが必要であり、人事担当者を相当訓練する必要があります。

〈参考文献〉
萩原勝 『失敗しない！新卒採用実務マニュアル』 産労総合研究所 2013年

第4講 履歴書とエントリーシート

1. 履歴書・エントリーシートとは

1-1 新卒採用の変遷から振り返る

（1）履歴書

履歴書とは、個人の学業や職業の経歴等の状況を記載した文書のことで、企業が採用を判断するにあたっての選考資料として使われています。日本において履歴書の標準的な書式が定められたのは、1953年に日本工業規格（JIS）[1]に登録されたことに始まります。JIS登録された履歴書は幾つかの改正を経ていますが、現在使われている書式は2008年改正のものです。

　JIS規格は任意の国家規格であることから、JIS登録の履歴書への記載内容や書式は、法的な強制力を以て指定されている訳ではありません。JIS規格で標準的な内容が定められてはいるものの、世の中には、「①採用活動を行う企業が定める様式、②各大学が定める様式、③文具メーカー等が定める様式」があります。新卒採用においては、特に企業から指定されていない場合には、大学が独自に定める様式の履歴書を使うのが慣れの面などからも良いと思います。

（2）エントリーシート

　エントリーシート（ES）は、1991年度の新卒採用試験の際に、ソニーが学校名を不問とする採用制度を導入するにあたって、新たな選考手段の一つとして採用したのが始まりです。日本では古くから指定校制度と呼ばれる企業と有名大学との結びつきがあり、特に大企業においては「特定の大学から何人」という枠を設けており、指定校以外の大学に

通う学生は事実上、入社できない仕組みになっていました。**指定校制度**は 1970 年代から衰退しはじめ、1980 年代には自由応募が広まってきましたが、それでも実際には難関大・伝統校中心の採用が続けられてきたことも事実です。そんな時代背景の中、ソニーが学校名不問の採用を打ち出したことは、当時大きな話題となりました。

　しかし一方では、採用後に蓋を開けてみれば、実際に入社したのは有名校出身者ばかりで、「学校名不問の採用とは名ばかりではないか」という批判も起こりました。もっとも、ここで見誤ってはいけないのは、「学校名不問＝実力不問」ではないということです。寧ろ学歴不問の採用制度というのは、難関大・伝統校の出身者であっても当然に採用されるものではなく、その中でも自社で活躍できそうな優秀人材を発掘しようという厳選採用の始まりであると捉えて、その判断材料として新たにエントリーシートが導入されたのだと考えられます。

1–2　履歴書とエントリーシートの特徴

　履歴書とエントリーシートの形態と役割の違いについて説明します。

　履歴書については、その書式は一律ではなく、企業が指定しているものや、大学が定めるものなど多々ありますが、内容についてはある程度は共通しているものが殆どです。

　一方のエントリーシートは、各企業が自社に欲しい人材を選考するための資料となるため、企業ごとの**独自性**が強く、質問の種類も千差万別です。しかも履歴書に比べて、記入する文字数もエントリーシートの方が圧倒的に多くなっています。

　また、履歴書は紙に手書きで作成するのが一般的であるのに対し、エントリーシートは企業の指定するシートにパソコンやスマートフォン等で記入するのが主流です。企業によっても取扱いは異なりますが、履歴書とエントリーシートの特徴は、次表の通りです。

【履歴書とエントリーシートの特徴】

履歴書	エントリーシート
・書類選考、面接の資料として使用される。 ・就職活動において必須の書類。 ・手書きで作成するのが基本。 ・写真を添付する。 ・提出は郵送又は持参。	・書類選考、面接の資料として使用される。 ・提出を求めない企業もある。 ・企業独自の質問項目があり、企業ごとに内容が異なる。 ・提出は所定のページからインターネット経由、印刷して郵送、PDFにしてメール送付等。

2. 履歴書とエントリーシートの役割

2-1 書類選考と面接対策について

　新卒採用を行う企業は、その殆どが履歴書とエントリーシートの提出を応募条件としています。これらは**書類選考の合否判断**に使われることに加え、選考が進んだ場合、**面接時の基礎資料**として使われます。このようなことから、履歴書やエントリーシートに記述した内容は、面接の際の質問に利用されることが多いため、入口の部分で自らの考えを責任ある姿勢で確りとまとめて書いて、面接試験で質問された際に矛盾することなく、回答できるようにしておく必要があります。

【新卒採用における選考順序の例】

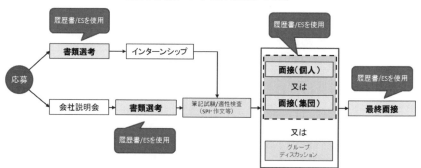

※一部の企業ではエントリーシートの提出は求めず、履歴書のみ提出を求める場合もあります。
※エントリーシートを面接時の参考資料とせず、履歴書に沿って面接を進めていく企業もあります。
※上記の選考順序は一例であり、全ての企業に当てはまるものではありません。

2-2　履歴書とエントリーシートの共通項目

　エントリーシートは、履歴書に比べて質問項目が多い傾向にありますが、分類すると、次図の通りです。

【履歴書とエントリーシートの質問項目の分類】

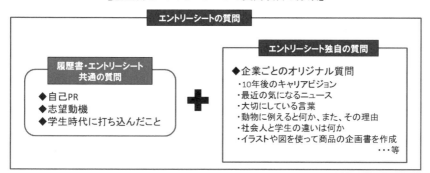

　履歴書とエントリーシートの両者に共通する質問とエントリーシート独自の質問に分けることができます。両者に共通している「自己PR」「志望動機」「学生時代に打ち込んだこと」は、先述の通りで繰り返しになりますが、就活における三大質問として位置付けられており、人事部として重視する部分でもありますので、確実に対策を講じておく必要があります。

2-3　履歴書・エントリーシートの作成時の留意事項

　次図は、新卒採用時の一般的な選考対策をまとめたものです。「インプットを担う自己学習的な対策」と「対人的な対策」に分かれますが、前者は就活を進めるにあたり基礎となるものであり、後者は面接やグループディスカッションを通じたものとなります。

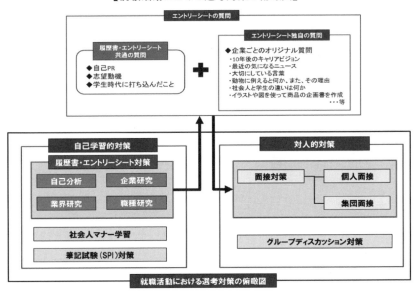

【就職活動における選考対策の俯瞰図】

　いわゆる三大質問の「自己PR」「志望動機」「学生時代に打ち込んだこと」の回答を導くために、重要な要素となるのは、**「自己分析」「業界研究」「企業研究」「職種研究」**です。ここは、自己が就活対策として費やすのに、相当な時間を掛ける分野でもあります。この部分に時間をかけ、真剣に取り組むことができれば、就活における軸ができあがります。この軸の有無によって、選考が進んだ後の面接で合否ポイントになると考えています。このように、履歴書・エントリーシート対策は同時に面接対策であり、入口の準備が出口を通過する通行手形という訳です。

3.　履歴書とエントリーシート作成の要諦

3-1　履歴書とエントリーシートの目的

　企業における新卒採用の多くが総合職（正社員）採用です。これは入

社時に職務を限定せず、**企業内教育**を施しながら様々な部署を経験させ、将来の会社を担う人材を育てていこうという考え方に基づいています。一方、理系研究開発職やデザイナー等のクリエイティブ職を中心に、入社後、即戦力として職務を任される専門職採用も一部ではあります。こちらについては仕事に必要なスキルがあるか否か、研究実績や**ポートフォリオ**などが審査され、合否の判断材料とされます。

　総合職の採用は、目に見える顕在能力というよりは、将来、その企業に入って活躍できるかどうかという潜在能力の有無によって判断されることが多く、人物重視の**ポテンシャル採用**とも呼ばれ、面接試験が最終的な合否のカギを握ります。前述の通り、面接試験は履歴書やエントリーシートの記載内容に基づき展開するので、この準備を努々怠ってはいけません。また、企業が求める能力はひとつとは限らないし、企業ご

【総合職採用と専門職採用の違い】

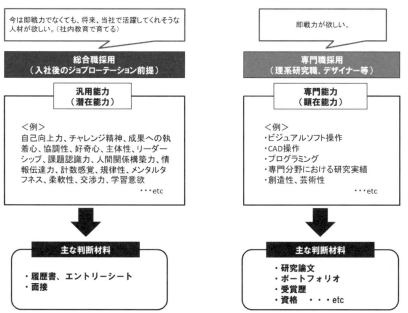

とに異なるのが普通です。それ故、志望動機も志望する企業の数だけあるはずなのです。したがって、自己PRや志望動機は志望する**企業ごとに書き分ける**ようにするべきです。

3-2　基本となる考え方　その1～差異化して考える

　書店でよく見かける就活対策本には、先ずは自己分析を行い、自らの強みや適性を理解した上で、自分に合った仕事を探していくことを推奨しているものが多く見受けられます。しかしながら、就活をより合理的に進めるのであれば、先ずは興味のある企業が属する業界を俯瞰して捉え、他の企業との違いは何かについて調べ、自分なりに考えてみることから始めていく方が効率は上がるのではと考えています。

　その理由を比喩話にしてお伝えします。小さな小舟で大海原を航海していくのに、船の装備品の点検ばかりしていても船出は出来ず、時間ばかりが経ってしまい、いつの間にか時化が来て出航のチャンスさえ失うかもしれません。寧ろ航海の必備品となる食料や光学・電子機器や海図などさえ揃えて船出すれば、大海原であっても位置ははっきりしています。航海中にレーダーと高品質の双眼鏡で複数の目標を見つけることになるでしょうし、途中で行き交う船に出会うことや、豊沃な緑豊かな島、そして大陸を順次発見していけるのではないでしょうか。

　話を戻します。その業界がどのような役割を持つ企業で成り立っているのか、自分が知っている企業の競合他社はどこで、其々の特徴は何であるのかなど、差異化していくことで企業に関する知識が増え、結果的に就活の選択肢が広がります。また、この作業を行っておくことで、志望動機の説得力が増します。志望動機は三大質問の中でも、回答の良し悪しに差が出やすいところで、志望企業をきちんと差異化して考えることができていないと、面接試験においても苦戦することになります。

3–3　基本となる考え方　その２〜相手は何を欲しがっているか

　総合職の採用は人物重視のポテンシャル採用のケースが多いと前述しましたが、別の言い方をすれば、採用する立場の人に「この学生が入社したら、将来、活躍してくれそうだ」という期待感を抱いてもらえれば、そしてその期待感が強ければ強い程に、内定に近づくことができるということです。

　それでは、自分が入社したいと考えている企業では、どのような人物を「入社したら将来、活躍してくれそうだ」と思っているのでしょうか。相手に認めてもらうためには、先ず**相手が求めていることを知る**ことが大切です。先ずは、興味のある企業がどのような人材を求めているのか調べてみる必要があります。

（１）仮説思考

　希望する**企業が求めている能力**とは何なのかについて、**仮説思考**で考えてみます。

　新卒採用を行っている企業のホームページや募集要項等を見ると、その企業で働く人に求められる人物要件が掲げられていることがあります。このような情報は当然のことながら参考にしなければなりません。また、実際に企業の担当者と会ってみたら、或いはインターンシップで職場に入ってみたら、表面的な字面とはまた違った雰囲気を感じるはずです。企業の規模の大小、歴史の新旧、男女比等によって社風は様々であり、資料等だけで見ているだけでは限界があり、企業が欲する「活躍してくれそうな人材」の人材像を思い浮かべることは困難なのです。この壁を超える方策は、「現場」「現物」「現実」の**三現主義**[5]の実践であり、当に「百聞は一見にしかず」です。

　企業がどのような能力を求めているかについては、複合的に考える必要があります。会社四季報等の情報誌だけではなく、会社説明会やOB・OG訪問を積極的に行い、インターンシップにも出来得る限り複数

の企業のものに参加してみて下さい。企業の雰囲気を体感することで、自分なりに「企業は何を求めているか」についての仮説を立てることができる筈です。その仮説に基づくと、志望動機を思い描くことができて、スムーズに書けることができます。志望理由を思い立つのが苦手な方は多いのですが、これを克服するために役立つ強力な情報源です。

（2）問題認識

　　問題認識について説明します。企業ニーズに**合致する能力**と**不足している能力**とを分けて仮説を立ててみます。

　仮説を立てたら、自分がその能力を持っているのかどうか考えます。例えば、仮説によって導き出された「企業が求めている能力」が、「チャレンジ精神」「協調性」「人間関係構築力」だったとしたら、自身がそれらの根拠を示して「持っている」といえるかどうかを自問してみます。この根拠となる能力とは、「学生時代に打ち込んだこと」に代表されるような**エピソード**を辿ってみて自己判定するのでも良いですし、友人や

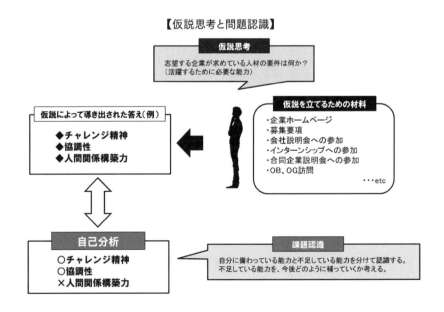

【仮説思考と問題認識】

家族などにも自己判定の確度を聞いてみるのでも良いと思います。これは過去にその能力が発揮できたことを裏付けるものなのです。

　もっとも、ここで重要なのは、不足している或いは有していない能力を自己認識することです（前頁図では「人間関係構築力」）。企業は、選考の時点では、学生の皆さんに完璧な能力を求めている訳ではないので、今の自分には何が足りていないのか、そしてその不足能力を補うためにはどのような努力をすれば良いのかという問題認識を持つことが重要であり、その対策を講じることができる人材は高い評価を得られます。

3–4　三大質問に答えるための要点～３つの質問のつながりを意識する

　既に何度も述べてきた、いわゆる三大質問。即ち、「自己PR」「志望動機」「学生時代に打ち込んだこと」について、其々のつながりを意識して作成します。其々が脈絡なくバラバラに書かれていると、書類選考を通過したとしても、面接試験の際に一貫性のない回答になってしまい、しどろもどろでアウトとなるので注意して下さい。

　例えば、「学生時代に打ち込んだこと」で「緻密な収支計画を立て、裏方として演劇サークルの舞台公演を成功させた」と書いているのに、一方では、「自己PR」では「物怖じすることのない行動力で牽引者となって……」とアピールしているような場合に、人事部では「この人、本当はどういう人なのだろう」との違和感が生じます。

　他にも、「老若男女分け隔てなく接することができる明るい性格が接客業に活かせると思って志望しました」と志望動機に書いているのに、一方の「自己PR」では「緻密な計画力」をアピールしている場合なども同様です。異なる複数の能力は共存するものであり、様々な能力を持ち合わせている方が良いに違いありませんが、一枚の履歴書・エントリーシートにおいて、余りかけ離れた内容が書かれているようだと不自然なものになります。次図を参考に、其々の質問のつながりを意識して、

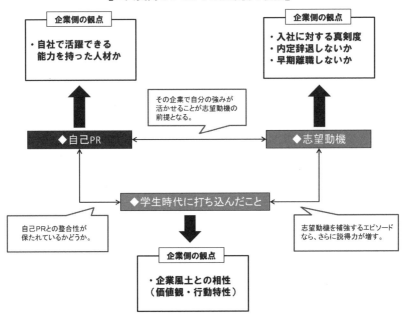

【三大質問のつながりと企業側の視点】

企業側の観点
・自社で活躍できる
　能力を持った人材か

企業側の観点
・入社に対する真剣度
・内定辞退しないか
・早期離職しないか

その企業で自分の強みが
活かせることが志望動機の
前提となる。

◆自己PR　　　　　　◆志望動機

◆学生時代に打ち込んだこと

自己PRとの整合性が
保たれているかどうか。

志望動機を補強するエピソード
なら、さらに説得力が増す。

企業側の観点
・企業風土との相性
　（価値観・行動特性）

一貫性のある回答を書くようにして下さい。

3-5　三大質問の書き方

　それでは、いよいよ三大質問の具体的な書き方について、次に説明し
ていきます。

（1）自己PR

　自己PRでは、**自分の強み**を表現していく訳なのに、志望する企業が
求めている能力を無視してしまい、自己分析によって導き出された強み
をそのまま記載されている場合が多く見受けられます。前述の仮説思考
に基づき、企業が求めている能力とは何であるかについて考え、それに
合致した内容を書いていかなければなりません。

企業は何を知りたいか	志願者の強みは何か。自社で活躍できる能力を持った人材かどうか。
注意点	志望企業で活躍できる威力を持った強みであること。企業の求める人材要件の仮説を立て、ニーズに合致した強みが書けると良い。
構成の好例	1. 結論（私の強みは「〇〇」です） 2. 根拠となるエピソード（問題⇒行動⇒成果の順で書くと良い） 3. まとめ
文例	大学では、マーケティングを学び、ゼミでは、市場調査の設計から取り組み、実施した結果を分析したものを元に、チームで協議しながら新しい製品を開発するという一連のプロセスを経験しています。御社では、既存製品だけでなく、新製品開発にも力を入れておられると知りました。チームで一つのものを作り上げる強みを、御社の新製品開発に活かせると考えています。

（2）学生時代に打ち込んだこと

　学生時代に打ち込んだことについて。企業風土は企業の数だけ存在します。志願者の**価値観**や性格が余りにも企業風土とかけ離れていると仕事を長く続けることは困難になります。「学生時代に打ち込んだこと」では、学生自身が「何に興味を持ち、どのような価値観を持っているのか、また、問題が起こった時にどのような行動を取る人物なのか」についてチェックされています。ここでも、前述の仮説思考に基づき、**企業が求めている価値観や行動特性**が何なのか、自分なりに調べて整理してみることです。そして、自分自身が持つ価値観や行動特性と重なる部分を中心にして、回答を作成していくことが大切です。

企業は何を知りたいか	何に興味があり、どのような価値観を持っているか。どのような行動特性を持っているか。
注意点	志望する企業が求めている価値観や行動特性が何であるかを考え、ニーズに合致した回答が書けると良い。
構成の好例	1. 結論（私は「○○」に打ち込みました） 2. 根拠となるエピソード（理由⇒行動⇒成果の順で書くと良い） 3. まとめ
文例	大学入学時にボランティア活動を中心としたサークルを立ち上げました。 メンバーは5人集まりましたが、結成当初は皆、何をやればいいかが分からず、参加率も低い状況でした。 そこで、私は率先してボランティアの企画案を出し、受け入れてくださる施設との話し合いを重ねました。また、短時間での参加も可能とするなど、メンバーが参加しやすい工夫も行いました。実際にボランティア活動を行ってみると、メンバーも達成感が得られたようで、それ以降は参加率が上昇し、今では15名のメンバーで活動しています。 この経験から、行動力を発揮して企画を実現することが周囲を巻き込むことにつながり、チーム力を向上させることを学びました。

（3）志望動機

　志望動機を形成するのは、**業界研究・企業研究・職種研究**です。これらを事前に下調べしておくことが志望動機の質を大きく左右します。人事部は「本当にこの学生は当社で働きたいと考えているのか」という視点で見ると同時に、志願者の能力も見ています。平たく言えば、ある目標に到達するために、必要な情報を収集し、分析し、その根拠が作れる力を試されているのです。また、入社に対する真剣度が高い程に内定辞退も少なくなるだろうという視点や、企業理解が進んでいれば、「働いてみたは良いものの、想像していたのと違った」という入社後のミスマッチ防止にもなるという視点もあります。三大質問の中でも「自己PR」や「学生時代に打ち込んだこと」については他者との違いを鮮明にするのは難しいものです。社会人経験のない学生の皆さんの中で、企業人の目に留まるような突出した強みや体験エピソードを持っている人

はほんの一握りだからです。したがって、何度も繰り返すようですが、志望動機に関しては、業界研究・企業研究・職種研究をやっただけ説得力のある回答が書けるため、一歩抜け出すためにも志望動機の作成は腰を据えて全力で対応しなければならないのです。

企業は何を知りたいか	入社に対する真剣度。内定辞退をしないか。早期離職をしないか。
注意点	志望理由が表面的なものでないこと。業界や企業に関する知識を得ていること。志望企業と他の企業とを差異化できていること。
構成の好例	1. 結論（「〇〇」と考え、貴社を志望いたしました） 2. 具体的な志望理由
文例	（電子部品メーカーを志望） 貴社の製品が持つ社会的意義の大きさに魅力を感じ、志望させていただきました。御社の製品は医療機器に組み込まれており、機器を動かすために不可欠な製品です。人の命に係わる機械は誤作動が許されず、高い耐久性が求められます。会社説明会では、社員の皆様の品質に関する徹底したこだわりと、モノづくりに対する情熱を感じました。貴社の一員となり、その優れた製品を通じて社会に貢献したいという思いから志望させていただきました。

3-6　エントリーシートのオリジナル質問への回答

　エントリーシートには、三大質問以外に企業独自に設定している**オリジナル質問**があります。これらの質問は、企業ごとに異なり、毎回同じ内容ではないことも多く、標準的な対策を講じるのは難しいところです。しかしながら、学歴重視の定型的な採用から企業独自の視点による厳選採用への転換という背景のもとにエントリーシートが開発されたことを考えれば、これらへの対応はより大切なことといえます。

　ここでも、「企業がどのような人材を求めているか」との、前述した仮説思考が重要となります。オリジナル質問の中には、難問・奇問もありますが、「自社で活躍してくれる人材を採用したい」という企業側の

最終的な意思に変わりはありません。したがって、難問・奇問や珍問などに惑わされることなく、いったん深呼吸をして、企業が求めている能力・価値観・行動特性が何であるかを念頭に置きながら、質問の意図を考えて、回答を作成することが大切です。

　次表は、様々な企業で過去に出題されたエントリーシートの独自質問の一覧です。ご自身で考え200文字位にまとめておくと、勘所が掴めると思います。

エントリーシートにおける企業の独自質問一覧（過去に出題された例）
・これまでにチームで成果を挙げた経験を教えて下さい。 ・あなたが仕事を通じて成し遂げたいことは何ですか。 ・これまでにあなたが最も感銘を受けたサービスについて教えて下さい。 ・ここ一年で最も感動した出来事は何ですか。 ・これまでの経験で失敗から学んだことを教えて下さい。 ・あなたがストレスを感じた経験と、それに対してどのように対応したかを教えて下さい。 ・会社選びの基準は何ですか？ ・あなたがつい熱中してしまうことを、その楽しさが分かるように教えて下さい。 ・あなたが誇るべき変なところを教えて下さい。 ・10年後、あなたはどのような人物になっていたいですか？ ・大切にしている言葉を教えて下さい。 ・あなたが普段感じる「こころの豊かさ」とは何ですか。 ・人と接する上で、一番大事にしていることを教えて下さい。 ・自分を一言で表し、その理由を教えて下さい。 ・自分自身を映像作品だと思ってタイトルをつけて下さい。 ・社会人と学生の違いとは何ですか。 ・今から10年後に成長している企業とは一体どのような企業でしょうか。 ・理想とする社会人像を教えて下さい。 ・タイムマシンを使えるとしたら何をしますか。 ・あなたが起業するとしたらどのような会社ですか。詳しく教えて下さい。

〈注〉

1　日本工業規格は、1949年に工業標準化法により制定されたもので、長らくJIS規格として日本の工業規格として使われていたが、我が国の国内総生産の約70%がサービス業になど産業構造が変化したことから、製造業を中心としていた標準化対象をサービス業にも拡大することとなった。工業標準化法が改正され、2019年7月に産業標準化法が成立した。これに伴い、規格名は日本産業規格と変更され、標準化対象に「データ、サービス等」が追加された。なお、JIS規格の略称は変更されていない。

2　企業内教育（企業内研修、社員教育、社員研修などとも呼ばれている。）とは、企業が行う従業者に対する教育のこと。大別すると、社員に対して業務に必要なスキル向上の教育と、マインド面の変化を促す教育に区分される。自己啓発（SD＝セルフディベロップメント）、OJT（仕事上の個別指導）、Off－JT（集合研修）の三領域が企業内教育の屋台骨とされている。階層別研修（新入社員研修や管理職研修など）、職種別研修（営業研修や経理研修など）の他、人事評価研修、コンプライアンス教育などのテーマごとの研修もある。自己啓発の支援では、小集団活動の支援や通信教育の情報提供などがある。

3　ポートフォリオとは、元来は英語の「Portfolio（紙ばさみ）」を語源とする「目的を持った書類の束」の意味から転じて、現在では、金融用語やビジネス用語、クリエイティブ用語、教育用語などで広く使われている。ポートフォリオは、①クリエイティブ用語としては、実績をアピールするために使われている。デザイナー、画家、写真家や建築家などのクリエイターが、就職や転職、コンペなどの仕事獲得において、自分の職種（専門分野）の実績や力量などの評価のために作成する資料としての「個人の作品集」を意味する。②教育用語では、「学習過程の各種収集物」を意味し、学生の学習過程で残した、レポートや試験用紙、提出課題、活動記録の写真などを収集し、また系統的に選択して、教師と共に学生自身も自己評価を行うことを意味する。

4　ポテンシャル採用とは、潜在能力を重視した選考により、今後、大きな成長が期待できる人材採用のことで、求人企業の採用基準を指すものである。実務経験がない、又は少ないと思われる場合でも、実務経験に準ずる知識又は意欲を積極的に評価していく方針。この採用方針は、若手の人材を募集している求人企業で取り入れられている。採用の判断基準は主に意欲と人間性、これまでの仕事に対するスタンスで決められることが多い。

5　三現主義。先ずは現場に出かけ、現物を良く見て、現実的に判断していくことをいう。
　　中川直毅編『要説 キャリアとワークルール（第3版）』三恵社 2021年 14頁参照

〈参考文献〉

平田潤・笹子善平 『ブレステップ就活学』 弘文堂　2011年

萩原勝 『失敗しない！新卒採用実務マニュアル』 産労総合研究所　2013年

グループ討論

1. グループ討論とは

1-1 実施目的

　近年、採用のプロセスの早い段階で、**グループ討論**（「グループディスカッション」「集団討論」ともいう。本書では、「グループ討論」と呼ぶことにする。）を実施する企業が増えています。グループ討論は、**チーム力の構成**と**採用の効率化**という、複数の意図を以て実施されています。

　ひとつ目は、受験する学生の皆さんが、集団の中でどのように振る舞い、チームでのパフォーマンスを発揮でき、**チーム力の構成員**となれるのかを確認するためです。昨今の企業や団体での殆どの職種では、ひとりで仕事を進めることは少なく、チーム力を以て対応していくことが殆どで、チーム・集団で目的や目標に向かって取り組んでいきます。そこで、このようなチームや集団で上手くやっていくことができるか、そのような環境下で能力を十分に発揮できるかどうかを確認していくのが、グループ討論です。

　二つ目は、**採用の効率化**の意図を以て実施している企業もあるということです。人気企業では応募者の数だけでも膨大な数となり、そこから書類などで絞り込みをしていく作業は至難の業です。面接試験の本流ともいえる、個人面接や集団面接は、要する時間や面接担当者の力量や人員配置などで効率が悪くなりがちです。そこで、最低限必要な応対能力や振る舞いなどを短時間で一挙に確認できる方法を取り入れているものと考えています。

　先述の通り、仕事はチームや集団で進めていくことが多く、そこには

様々な役割の方がいます。「リーダーとしてぐいぐいと押し進める人」「メンバーの意見をまとめながらチームを引っ張る人」「口数が多くはないが、的を射た、ポイントを突いた発言が多い人」などです。このようなことから、グループ討論においても決して話の数が多い人が有利という訳では全くありません。

　グループ討論では、**答えのないようなテーマ**を与えられることがよくあります。例えば、「無人島に持っていく物を5つ考えて下さい」「良い会社とはどんな会社ですか」とのテーマのようなものですが、これに正解などはありません。企業にとって、こちらは決められた時間の中でどれだけの議論が展開していけるかということを見たいから質っしているに過ぎません。

　グループ討論は、グループのメンバー全員が合格することもあれば、全員が不合格となる場合もあります。したがってグループ討論に取り組むポイントのひとつは、全員で合格しようという姿勢で議論に臨むということが大切です。たまたま同じ船に乗り合わせてご縁のあったという仲間という感じで、一致団結して取り組むことが重要なのです。

1-2　実施方法

　グループ討論では、基本的に採用担当者がその議論に入ることはありません。人事部は、学生の皆さんの討議の様子を少し離れたところから確認しています。試験当日の流れは、試験会場に到着すると1グループ4名から10名のグループに分けられます（多くの場合は6名前後）。その後、人事部の担当者からこれからのグループ討論の流れとルールなどが説明されます。そして、テーマが発表されてスタートの運びとなります。議論の時間は**30分程度**が多いです。

　グループ討論自体の一般的な流れとしては、先ずはグループのメンバーの自己紹介が簡単に行われ、その後、議論がスタートします。議論

では、先ずはメンバーの役割を決めます。司会役、書記役、タイムキーパー役、発表役などが主な役割となります。

【主な役割とそのポイント】

司会役	グループのリーダーとして議論をリードする役割。メンバーの様子を確認しながら意見を引き出し、流れを止めず戻さず、進めていくことが重要となります。くれぐれも司会役が一方的に話し、その内容を強引に進めていくようなことがないようにする。
書記役	議論の内容をメモしてまとめます。議論の途中で、これまでまとめている内容の発言を行い確認します。
タイムキーパー役	与えられた時間内に議論がまとまるように時間をコントロールします。適宜、時間経過を報告し進捗を管理します。
発表役	最後に議論の結果を発表します。与えられた時間内に分かりやすく発表します。状況により、メンバー全員が発表する場合もあります。

1–3　採用担当者のチェックポイント

　グループ討論では、相手の意見を論破した学生が合格するというものではありません。寧ろそのような学生は、チームワークや協調性がない、**傾聴**の姿勢がないと判断されマイナス評価となってしまいます。

　人事部では、グループ討論で次のような点をチェックしています。

　　①協調性、チームワークを大切にできるか

　　②集団を統率する力、リーダーシップ、チームの先頭に立って引っ張っていく力があるか、メンバーの発言を引き出しているか

　　③コミュニケーション能力、その場の状況に応じた適切な対応ができるか

　　④積極的に物事に取り組むか

　　⑤発想力があるか

　　⑥論理的思考、物事を組み立てて考える力があるか

　人事部は、このように個人面接や集団面接で確認することが難しい、チームワークやリーダーシップなどを確認しているのです。よって、当然ながら発言する態度や立ち振る舞いなども確りとチェックされてい

す。明るい表情で発言をしているか、他の学生が話しているときも確りと**聴いて**いるか（頷いているか、適宜メモなどをとっているか）、発言する際はメンバーの顔を見て話しているか、言葉遣いは適切か、気配りができているか、正しい姿勢で参加しているか、常に平常心を持って対応できているか、「人に聞いてもらう」という姿勢で大きな声で発言しているかなど、発言内容以外についても確りと確認しています。学生の皆さんはこの点を留意して対策を講じておく必要があります。

　グループ討論のテーマを幾つか挙げておきます。

・1 日だけなるとしたら、大企業の社長かアイドルか。
・お金、家族、恋人、友情の優先順位、大切にする順位をつけて下さい。
・ただの石を 5,000 円で売る方法。
・桃太郎のお供をもう一種類増やすとしたら何か。
・オリンピックの 4 番目のメダルを考えよ。
・宇宙人に地球のお土産としてあげるお菓子を考える。

出典：2019 年卒マイナビ学生就職モニター調査より

1–4　グループ討論の種類

　グループ討論にも幾つかの種類があります。これまで説明してきた実施方法（自由討論型、課題解決型）が一般的ですが、他にもグループワーク型やディベート型などがあります。

　①グループワーク型

　　　グループ討論に含まれることもあるため、事前にはグループ討論の選考と提示されていて、実際にはグループワークだったということもあります。基本的にはグループ討論と同じなのですが、何らかの作業が加わるというのが特徴です。

　②ディベート型

　　　賛否両論のあるテーマについて「賛成」と「反対」に分かれて、同じグループのメンバーと協力して相手を論破するというもので

す。ディベート型は、グループの意見をまとめることがより強く求められることと、ヒートアップすることで意見がまとまらなくなることがあるので注意が必要です。テーマの一例として「小学生が学校に携帯電話を持参することに賛成か反対か」「消費税20％に賛成か反対か」などです。

2. グループ討論の対策

2-1 押さえておきたい基本的事項

　グループ討論を実施するにあたり、人事部では予め応募者の大学や学部等を参考にしつつ、人選に偏りがないようにグループ分けをすることがあります。応募者の学生の皆さんにとっては、大学や専攻が異なる人達とグループ討論を行うということですから、戸惑うことも多いと思います。実際にグループ討論を始めてみると、初対面同士という気まずさから殆ど意見が出ないまま、制限時間を迎えてしまうということもあります。また、一度逸れてしまった話が脱線したまま進んでしまい、思うような結論が出せないといったこともあり得ます。一方、ファシリテーション[1]が上手な、場慣れした応募者がメンバーにいることによって、討論が活性化し、採用担当者が感嘆するような結論が出ることもあります。しかし、メンバーの良し悪しによって選考結果が左右されるというのも、運を天に任せるような話で、どうしてもその企業に入社したいと考える学生の皆さんにとっては心許ないことです。ここからは、グループ討論に参加するにあたって、押さえておきたいポイントを解説していきます。

　なお、司会役については、ファシリテーター[2]についての書籍などを読んでおくと、社会人になってからも会議などで役立つことと思います。

①討論のゴールを意識して参加する

　　グループ討論のテーマは企業によって様々であり、課題を予想して臨むことは難しいといえます。但し、どのようなテーマであっても、企業側から求められている結論があるので、そのゴールを目指して討論を重ねていくという意識が大切です。話が脱線しているなと思ったら、どのような結論を出さねばならないかという原点に立ち返り、話題を引き戻すことを考えましょう。左記のテーマを例に挙げ、どのような視点が必要か解説します。

◆「1日だけなるとしたら、大企業の社長かアイドルか。」

　　結論を選択させるタイプのテーマです。

　　単純に、個人の考えを述べ合うような方法もありますが、ここでは、メンバー同士で意見交換してグループとしての結論を出すことが求められている場合を想定します。この課題では「大企業の社長」か「アイドル」なのかを選択しなくてはなりません。何れを選択するにせよ、何故その選択をしたのかという「理由」が重要になってきます。この場合、相手方にとって説得力のある理由である必要があり、「なるほど」と思わせるようなものでなければなりません。グループ討論の問いには、決まった正解がある訳ではなく、自分たちの結論をいかに魅力的に見せることができるかが大切で、人事部はグループ討論のプロセスを通じて参加者の論理的思考力や発想力を見ています。

　　このテーマでは、「大企業の社長」又は「アイドル」になることのメリット（個人的なメリットに加え、社会に与えることができるメリットも含めて考える）を議論の中心にすると、結論と理由をまとめやすくなります。反対に、「大企業の社長は自分には荷が重い」といったネガティブな感想や「お気に入りのアイドルについて話し合おう」といった目的のない世間話になると、求め

られている結論から離れてしまいます。グループ討論においては、何について話し合うことがグループとしての結論を導き出すために有効なのかを考え、的を絞った議論を心掛けます。

◆「宇宙人に地球のお土産としてあげるお菓子を考える。」

　選択型のテーマとは異なり、自分達で答えを考え出さねばならないタイプです。

　特に、発想力が求められるテーマだと言えるでしょう。このように抽象度が高いテーマの場合、設定を自分達で決めていく必要があります。例えば、「宇宙人に地球のお土産をあげる目的」や「ターゲットとなる宇宙人の種類」等を決めていくことによって、具体性のある議論を進めていくことができます。ここでは、テーマで与えられていない条件を自分達で定義するという視点が大切になります。

　これらの具体的な定義をせずにグループ討論を進めると、其々の参加者の目線が合わないまま意見だけが飛び交うことや、また、何について意見を出せば良いのかが分からなくなって静まり返る状況となることがあります。グループ討論に参加する際、抽象的なテーマで意見交換がしづらくなっていると感じたら、具体的な設定を決めるということを意識して下さい。

②発言しやすい場になっているか意識する

　グループ討論では、採用試験という緊張感もあり、意見交換が進まないで、メンバーの意見を論破してしまうような状況が生まれることは良くあります。しかし、前述した通り、グループ討論を通じて人事部が評価するものの中に、協調性やコミュニケーション能力があります。課題の結論もさることながら、意見交換の過程において、適切な発言や行動を取っている参加者の評価は

高くなります。

　例えば、メンバーの意見を否定せず、同調的な反応を示すことによって発言しやすい雰囲気づくりに努めることや、発言をしていないメンバーには意見を問いかけてみるなどの配慮があります。このような場合においても、前述①で解説した通り、結論から遠のいて脱線した話題が展開されている場合には、どこかで本来議論すべき内容に立ち返る意識が大切です。

2-2　複数の意見を整理する方法

　グループ討論では複数の参加者が其々の意見を述べるので、複数の意見の関係性を把握することが、議論を進めていく上で大切になります。情報を整理する方法には、様々なものがありますが、ここでは代表的なものを三つ挙げて解説します。

（1）ツリーで情報を整理する

　ツリーによる情報整理の手法としては、**ロジックツリー**が有名です。

1日だけなるとしたら、大企業の社長かアイドルか。

ひとつの要素を木の枝のように分解して整理していく方法で、論理的思考の基本ともいえるものです。先の例で言えば、選択型のテーマにおいて、選んだ結論の理由を掘り下げていく場合などでは有効に使えます。

（2）マトリックス図法で情報を整理する

マトリックス図法は、縦軸と横軸の表形式で情報を整理する方法です。複数の情報を組み合わせて比較したい場合に使い勝手が良いです。参加者の意見を俯瞰して見たいときや、情報間の関連性を知りたいとき、優先順位をつけたいとき等に有効な方法です。

お金、家族、恋人、友情の優先順位、大切にする順位をつけてください。

項目	お金	家族	恋人	友情
Aさん	1位 （理由：〇〇）	4位 （理由：〇〇）	2位 （理由：〇〇）	3位 （理由：〇〇）
Bさん	2位 （理由：〇〇）	1位 （理由：〇〇）	3位 （理由：〇〇）	4位 （理由：〇〇）
Cさん	4位 （理由：〇〇）	3位 （理由：〇〇）	1位 （理由：〇〇）	2位 （理由：〇〇）
Dさん	3位 （理由：〇〇）	1位 （理由：〇〇）	2位 （理由：〇〇）	4位 （理由：〇〇）
総合順位	3位	2位	1位	4位

（3）時間軸で情報を整理する

時系列整理法は、グループ討論のテーマで、計画やスケジュールをまとめさせるような課題が出たときに便利な方法です。時系列で情報を並

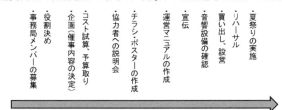

社員同士の交流を深めるために夏祭りの企画書を作成してください

べてみると、いつまでに何をしなければならないかという所要時間について考えやすくなり、着手すべきことの優先順位がつけやすくなるなどの利点があります。

　上記のような方法に関わらず、意見が沢山出て混乱しそうなときは、内容を書き出してみるだけでもメンバー同士の共通認識を高めることができます。

〈注〉

1　ファシリテーションとは、そもそも会議やプロジェクトなどの集団活動がスムーズに進むように、また成果が上がるように支援することであるが、会議の場面では、適宜必要な質問をすることで、参加者の意見を引き出していくことで、合意に向けた論点を整理していくこととされている。

2　ファシリテーターについて。会議におけるファシリテーターとは、「会議を円滑に進行する人」のことで、会議の進行役です。したがって、ファシリテーターは議事進行を行う司会者のような役割を果たし、会議に参加した人たちの意見を聞いて分かりやすくまとめて伝えたり、他の参加者たちのスムーズな理解を促したりする。会議中に自分の意見や主張を述べることや、自らが意思決定はしません。会議の内容が議題やテーマから逸脱しないようコントロールすることや、発言者や意見内容の偏りをなくし、あれば方向修正をしたりすることが主な役割で、これにより、利害から離れた客観的な立場から適切なサポートを行い、集団のメンバーに主体性を持たせて、結果を生み出していくのである。会議の「調整役」ともいえます。なお、会議に「議長」がいる場合は、ファシリテーターにより会議進行が調整された意見に基づき、議長は意見を述べて最終決定を下す役割を担っている。会議におけるファシリテーターの必要スキルには、「①意見をまとめるスキル　②全参加者が発言し易い場の雰囲気を作るスキル　③意見を聴いて論点を明確にするスキル　④議論を合意形成に導くスキル」を挙げることができる。

〈参考文献〉

平田潤・笹子善平『ブレステップ就活学』弘文堂　2011 年

萩原勝『失敗しない！新卒採用実務マニュアル』産労総合研究所　2013 年

第 **6** 講 | 求人票

1. 求人票の見方・読み方

1–1　求人票とは

　求人票は、企業（本講、第 10 講、第 14 講及び第 15 講の記述では、労働法の使用者・事業主等を意味するものとし、文脈により使用者と称する場合もある。）が人材を採用する際に、公共職業安定所、民間の人材紹介会社や大学、短期大学、専門学校などに求人を申込む時に提出が義務付けられている法定書類のこと。その内容は**職業安定法**により定められています。

　職業安定法は、いわゆる固定残業代を巡る問題をきっかけに改正があり、2018 年 1 月 1 日施行で職業安定法 5 条の 3 が追加され明示事項が強化されました。法定事項は 84 頁の表の通りですが、それら以外にも、求人をスムーズにするため、より具体的な仕事内容や福利厚生等の労働条件、研修や教育制度などキャリアアップに関しての事項も加わっており、これらも含めて認識を深めることで、働く職場の雰囲気を知ることができます。なお、この表は、職業安定法改正時の厚生労働省のパンフレットの一部を抜粋したもので、法定事項が記載されています。

　求人票には、多くの企業情報が記載されているので、就活する際には、その記載内容の意味をよく理解しておく必要があります。

1–2　求人票の記載内容

　求人票のサンプルを掲載しました。サンプルの記載番号に相応して、その内容を説明します。

求人票

※求人受付番号　　　　　　　　　　　　　　　　　　　　　　　　　名古屋芸術大学

求人者	ふりがな		事業内容	
	企業名	（1）		（詳細）
	代表者名			
	URL	http://	設立	年
	所在地（本社）	〒　　　TEL（　　　）　　　FAX（　　　）	資本金	万円
			年商	万円
			系列	
	連絡先（書類提出先）	〒　　　TEL（　　　）　　　FAX（　　　）	支社・支店営業所等数	所
		E-mail	工場数	所
	採用担当	担当部署名　　　　　　担当者名	（2）従業員数	名（男　名・女　名）（内本学卒　名）
				平均年齢　　歳

求人内容	採用職種	（3）			
	採用人数	名　　　　　　名	名　　　　　　名		
	＊ 特に指定する学科・領域がある場合は、○をつけてください。音楽領域・芸術教養領域・美術領域・デザイン領域・人間発達学部こども発達学科		勤務地	（4）	
	＊ 可・否いずれかに必ず○をつけてください。		免許・資格	（5）	
	大学院　可・否（指定する研究科：音楽・美術・デザイン・人間発達学）		特記事項		
	既卒者　可・否（勤務開始予定日：　年　月　日・要相談）留学生　可・否　障がい者　可・否　その他（　　　）可・否				

		大学・大学院	大学・大学院	大学・大学院	大学・大学院
（6）採用条件	職種等区分				
	初任給（基本給）				
	手当				
	計（税込）				
	試用期間中の賃金				
	雇用形態	正社員・契約（　年）	正社員・契約（　年）	正社員・契約（　年）	正社員・契約（　年）

	賞与	年　　回　年間合計約　　ヶ月分	（7）勤務時間	時　分 ～ 時　分	
	昇給	年　　回　約　　　円		時　分 ～ 時　分	
	通勤手当	全額・月額　　円まで		時　分 ～ 時　分	
	住宅手当	月額　　円	残業	月平均　　時間程度	
（9）（10）（11）	社会保険	健康・厚生・雇用・労災・その他（　）	（8）休日	週休2日制（完全・隔週・月　回）	
	退職金制度	有・無		月・火・水・木・金・土・日・祝日	
	労働組合	有・無		その他（　　　）	
	福利厚生	社員寮・保養施設・共済・その他（　）		年次有給休暇初年度　日　年間総休日数　日	

応募・選考要領	応募形態	自由応募・その他（　）	選考方法	内容	年月日
	応募方法	郵送・電話・E-mail・持参Web エントリー（　　　より）			年　月　日
					年　月　日
	提出書類	履歴書・成績証明書・卒業見込証明書健康診断書・その他（　）作品（　　　）			年　月　日
	会社締切日	年　月　日・随時		＊内容:書類選考　筆記（一般常識・論作文・語学・専門・SPI）面接（個人・集団）作品面接　実技試験　適性検査健康診断　その他（　　　）	
（12）	会社説明会	年　月　日・随時時　分・場所（　）その他（　）	補足事項	受付印	
		会社訪問（可・否）　インターンシップ（可・否）			

2 最低限明示しなければならない労働条件等

労働者の募集や求人申込みの際に、少なくとも以下の事項を書面の交付によって明示しなければなりません。ただし、求職者が希望する場合には、電子メールによることも可能です。

記載が必要な項目	記載例
◎業務内容	一般事務
◎契約期間	期間の定めなし
◎試用期間	試用期間あり（3か月）☆
◎就業場所	本社（●県●市●－●）又は △支社（△県△市△－△）
◎就業時間 ◎休憩時間 ◎休日 ◎時間外労働	9:00～18:00 12:00～13:00 土日、祝日 あり（月平均20時間）
	裁量労働制を採用している場合は、以下のような記載が必要です。　☆ （例）「企画業務型裁量労働制により、○時間働いたものとみなされます。」
◎賃金	月給　20万円（ただし、試用期間中は月給19万円）
	時間外労働の有無に関わらず一定の手当を支給する制度（いわゆる「固定残業代」）を採用　☆ する場合は、以下のような記載が必要です。 ① 基本給　××円（②の手当を除く額） ② □□手当（時間外労働の有無に関わらず、○時間分の時間外手当として△△円を支給） ③ ○時間を超える時間外労働分についての割増賃金は追加で支給
◎加入保険	雇用保険、労災保険、厚生年金、健康保険
◎募集者の氏名又は名称	○○株式会社☆
（○派遣労働者として雇用する場合）	雇用形態：派遣労働者☆

☆今回の改正により追加等された事項

出典：厚生労働省のホームページから引用

（1）企業概要

　企業概要には、企業名、本社所在地、代表者名、設立年、資本金、主たる事業内容、年間売上高（年商）、拠点数などの概要が記載されています。紙面の都合上、ごく簡単な内容が記載されていることが多いため、企業の理念、経営方針、事業内容をはじめとする企業の詳細については、企業のホームページやその他の媒体を用いて情報収集を行う必要があります。

（2）従業員数

　　①従業員数とは、社員数のことです。正社員だけ記載されている
　　　場合もあれば、契約社員やパート、アルバイト従業員を含めて

記載されていることがあります。**何々名契約社員・パート社員含む**との記載が望ましいです。

　学生の皆さんから見ると平均年齢が低い傾向にある方が仲間意識の芽生えがあって良いように思う場合もあるでしょうが、そうとは限りません。早期離職する職場風土なども考えられるので、勤続年数の情報を仕入れて総合的に判断する必要があります。

②**正社員**とは、期間の定めのない労働契約の下で、当該企業の定める通常の労働時間を勤務し、併せて、長期的な雇用を前提とした育成計画の下、職業能力やキャリアを発展させ、役職や賃金などの処遇も向上していく社員のことです。一般的には、退職金の対象となることが多いです。

　それ以外の社員を**非正規雇用社員**[3]と呼び、正社員と同じ労働時間勤務しますが、労働契約の期間に定めがある契約社員や、1週間の所定労働時間が同じ事業所に雇用されている正社員と比べて短いパート、アルバイト社員に大きく分かれます。最近では、当該者のモチベーションアップを意図して、パートナー社員やフレンド社員などの呼称を用いている場合もあります。

　業界や職種によっては非正規社員数が正社員数を上回ることもあるので、社員数のみに捉われることなくその構成についても調べることが大切です。この他にも男女別の従業員数や平均年齢や平均勤続年数などが記載されています。

（3）採用職種、採用人数

　①採用職種

　　職種とは職業や職務の種類を示し、企業内での営業、技術、事務などの役割分担に応じた仕事の内容のことです。同じ職種であっても内容は様々です。

　　営業を例にあげると法人向けか個人向けか、新規開拓か既存顧

客か、扱う商材やサービスによっても大きく異なります。小売店の場合は販売職といわれています。求人票では紙面の都合により、採用する職種が簡単に記載されていることも多いので、実際の仕事内容についての確認、調査が必要です。この他にも、総合職・技術職・一般職や直接部門・間接部門の領域で区分され示されることがあります。

　なお、最近では、担当する仕事や業務の内容・範囲が他の仕事や業務と明確に区別されている**職種限定正社員**というものもあります。

②採用人員

　採用人数が、在籍正社員の数に比して著しく大きい数の場合には、早期離職が多いことから補充するなどの意図も考えられるので、平均勤続年数や離職率などを調べておくことも大切です。

（4）勤務地

　勤務する可能性のある所在地やエリアが記載されています。但し、**転勤の有無が記載されていないこと**もあります。

　一定規模以上の企業の総合職に対しては、長期的な雇用を前提とした育成の下、職業能力やキャリア形成の一環として、転勤制度を設けているのが一般的です。大企業に総合職として採用されるならば、転勤する覚悟を有して受験することは必然事項です。

　しかしながら、最近では、ライフイベントや多様な価値観への対応、離職防止の視点から、大企業でも転勤を廃止する企業や希望の初任地、希望地域で働くことができる制度を導入する企業、転勤する範囲が限定されている、転居を伴う転勤がないなど勤務地を限定した**地域限定の正社員**として採用する企業もあります。転勤したくない、家族の事情がある、地元を離れられない、離れたくないなどの理由があれば勤務地についても確りと調べることが重要です。

（5）資格・免許

　これについては、「必須」又は「あれば望ましい」と記載されていることがあります。資格には色々な種別がありますが、求人票で対象となるのは**国家資格**や当該業務の遂行に必須となる法律上の免許ということになります。前者は、職種によっては免許や資格を有していないと業務を行うことができないものがあり、これらの免許や資格は必須免許・資格として記載されます。一方の後者は、必須ではないが、業務上有益な免許や資格として保有が望ましいもの、評価や優遇されるものについては「望ましい」「あれば可」「あれば尚可」として記載されることがあります。

（6a）賃金・給与（基本給・諸手当・割増賃金）

　定期的に支給される賃金の総額や支給項目ごとの金額が、**額面金額**（支給額から社会保険、税金や財形等が控除される前の金額）で記載されています。実際に現金や銀行振込により支給される手取額は、社会保険料等が控除されているので注意が必要です。

　①基本給（初任給）

　　学生の皆さんの中には、初任給の高い額の企業を優先順位一番として考える者も多いようですが、注意を要します。やりがい、自己の目指すところ、後述の諸手当、法定外福利や退職金制度など、総合的な視点が肝要だと思います。

　　基本給とは、年齢、学歴、勤続年数、職種、技能などを基準に定められた賃金のことで採用後、最初に受け取る基本給を**初任給**（定期賃金の総額を示すこともあります）と呼びます。正社員の場合、基本給は月額で定められていることが殆どです。もっとも、1年間で定める年俸制を取り入れている企業もあります。しかしながら、成果を重んじて採用されていることの多い年俸制が、新入社員から適用しようとする企業の姿勢を理解することができま

せん。

　　基本給と後述の諸手当を合わせて**定期給与**といいます。

②諸手当

　　諸手当には、労働基準法の定めにより支給が義務付けられている割増賃金としての法定手当、これは時間外労働手当、休日労働手当と呼ばれています。前者はいわゆる**残業代**のことです。また、企業ごとに任意に支払基準を定めていて、特定の費用発生を補助する意味合いで支払われる各種の任意手当もあります。

　　代表的な任意手当には、通勤に伴う経済的負担を補うための**通勤手当**や車両手当、住宅の家賃やローンなどの経済的負担を補うための**住宅手当**、職種ごとに生じる経済的負担や特殊な技能等に対する**営業手当**や職務・職能手当があります。それ以外にも扶養家族に応じて支給される家族手当や子女教育手当、役職や職責に応じて支給される**役職・管理職手当**、赴任地などの地域事情に応じて支給される**勤務地手当**や地域手当、そして業務に必須の資格者に対して支給される資格手当などがあります。

　　他にも、毎月の出勤実績に応じて支給される**皆勤手当**、生産量や業績に応じて支給される歩合給、インセンティブなどの成果による変動的な手当も存在します。このように支給の目的、基準そして名称も企業によって様々です。これらの手当は就業規則や賃金規程などの社内規則により、その支給基準が定められています。

③割増賃金

　　割増賃金とは、労働基準法で定める法定の労働時間を超えて時間外労働（いわゆる残業）や深夜労働をした場合に支払われる賃金です。時間外の理由により、**時間外労働手当**、**深夜労働手当**、**休日労働手当**と区分されています。深夜（午後 10 時から午前 5 時まで）に労働をした場合、また、労働基準法で定める休日に

労働をした場合に、通常の労働時間に対する時間額に法定で定めた割増率以上の割増率を乗じた額を支給するものです。

　時間外労働した場合には、その時間については、通常の労働時間の賃金の**25％以上の割増賃金**を、休日労働をした場合には、その日の労働については、通常の労働日の賃金の**35％以上の割増賃金**が支給されます。更に、深夜（午後10時から午前5時まで）に労働をさせた場合の割増賃金は、通常の労働時間の賃金の25％以上の支払いとなります。また、1カ月の時間外労働が60時間超の場合には、超えた時間分について、通常の労働時間の賃金の50％以上の割増賃金の支払いとなります。

　なお、割増賃金は法定労働時間を超えた時間額に加算して割増されるものなので、所定労働時間外でも法定労働時間内の場合や、法定休日以外の休日に労働したとしても、通常の労働時間に対する時間額が支給されます。

　割増賃金が適用されるものには、時間外労働、休日労働、深夜労働で、次表の通りです。

種類	割増手当の名称	支払い条件	割増率
時間外労働	時間外労働手当	法定労働時間を超える労働をさせたとき	25％以上
		時間外労働が1カ月60時間を超えたとき（60時間を超えた部分につき・・・）	50％以上
休日労働	休日手当	法定休日に労働をさせたとき	35％以上
深夜労働	深夜手当	22時から翌日5時までの間に労働させたとき	25％以上

　また、1カ月45時間超60時間以下、又は1年360時間超の時間外労働については割増率25％超とする努力義務が定められています。

④固定残業手当（みなし時間外手当）

　　サンプル求人票の記載項目にはありませんが、諸手当の一部として固定残業手当（みなし時間外労働手当）が記載されている場合があります。この**固定残業手当には注意**が必要です。

　　固定残業手当（みなし時間外手当）とは割増賃金の一部で、毎月一定の時間外労働を想定しそれに対する割増賃金を固定分の手当として支給するものです。実際の時間外労働時間で計算された割増賃金がその金額を超過すれば、別途超過分が超過残業手当として支給され、実際の時間外労働時間により計算された金額が下回ったとしても、原則として不足分は減額されない手当となります。

　　毎月の固定給総額に固定残業手当が含まれていると固定給総額の金額は他社と同額であっても、実際に時間外労働を行った際に毎月支給される賃金額には差が生じることになるので、固定残業手当（みなし時間外手当）の有無やそれに含まれている時間外労働時間数を確認することも大切です。

　　固定残業代については、違法性が顕著になる場合もあるので、もう少し詳細にお話しします。固定残業代のメリットは、仕事を早く済ませて、固定されている残業時間分より早く仕事を終えても、その金額がそのまま貰えるもので、時短意識が高まり長時間労働対策にもつながるというメリットがあるにはあります。しかしながら、昨今では、そのメリット面は少なく弊害部分の方が大きいのではと思っています。固定残業代を導入している企業が、「残業が一定時間あることが想定されている職場」だけでなく、これらを理由に**長時間労働を暗黙で強要する環境**が形成されていることや、長時間労働が常態化していて健康管理も疎かになっていたことが、度々厚生労働省の調査などで浮き彫りにされているからです。しかも、固定残業代が想定する時間を超えて労働して

も当該時間外労働の賃金支払いが曖昧になるなどの可能性もあります。固定残業代制を導入している企業に応募する際には、よく実態を調べて欲しいと思います。

⑤最低賃金

　最低賃金は、最低賃金法でそのルールが定められています。政府が**時間額の最低額**（１時間当たりの最低賃金）を定め、企業は時間額としてその金額以上を支払わなければならないとするものです。最低賃金には、都道府県内の全労働者に適用する「地域別最低賃金」と、特定の産業に従事する労働者に適用する「特定最低賃金」があり、最低賃金額は、時間額で定められています。なお、当たり前のことですが、アルバイトといえども最低賃金額以上の賃金を支払わなければ、同法違反となります。

　最低賃金法は基本給だけに適用されるのではなく、毎月支給される賃金総額を時間給換算した金額に適用されますが、賃金総額からは精皆勤手当、通勤手当、家族手当、割増賃金（固定残業手当を含む）は除外され、また、「臨時に支払われる賃金」と「１カ月を超える期間ごとに支払われる賃金」も同じく除外されます。

　次に、**日給制**と**日給月給制**の違いについて説明します。学生の皆さんの殆どが、アルバイトを通じて、毎月お給料がもらえる月給制は知っていても、これらについては余り知らないことだと思います（社会人もそうだが）。

　日給制とは、労働時間に関係なく、企業は、一定の日額賃金を支払う制度です。日給額は、一日の所定労働時間の最初から最後まで勤務したことを前提に賃金日額を決めるので、仮に所定労働時間が短くなる労働日があっても、最初に決めた賃金日額を支払う必要があります。同じく、完全月給制も、実際の労働日数に関

係なく、企業は、一定の月額賃金を支払わなければなりません。

　日給月給制は、実際の労働日数に関係なく、予め定められた一定の月額賃金を支払い、仮に欠勤した場合には、その分を日割り計算して賃金カットする方法です。この**ノーワーク・ノーペイの原則**（働かない分の賃金は無し）を、企業が従業員に適用するには、就業規則にどのような欠勤をしたときに、賃金カットをするのかを、その事由を明示しておく必要があります。[8]

⑥試用期間中の賃金

　試用期間とは、法令上は試みの使用期間といわれています。職種の専門性にもよりますが、一般的には2カ月から6カ月間程度（私立学校教員採用ならば1年間でも判例で有効とされています）で定められています。その間で、企業は採用した者の人物や能力を評価して、その後に、本採用する制度のことです。試用期間中であっても、求人票などで提示した賃金の支払いを受けるのは当然ですが、予め試用期間中の賃金が初任給として若干低く設定されていて、本採用後に初任給の額を上回る額に設定しなおされる場合もありますが、適法な措置です。

　また、「学卒・高卒定期採用者の場合は、試用期間といっても、労働者の研修期間、或いは配属先決定のための適性判断期間の意味しかない」[9]のが実情であることから、大学卒業者の場合の試用期間満了時の本採用拒否は、本来的な採用拒否ではなく、通常の雇用の場合にはない解約権が留保されたに過ぎないことから解雇ということに解されているので、「解約権行使が許されるのはごく例外的な場合に限定」[10]されます。これらを鑑みてみると、中途採用者などとは異なり、余程のことがない限り滅多な心配は不要のようです。

　最低賃金法は、試用期間中の社員にも原則として適用されます。

但し、「最低賃金を一律に適用することで却って雇用機会を狭めてしまう恐れ」があるような場合には、監督官庁の許可を得て、最低賃金の減額特例[11]も認められることがあります。

（6b）昇給・賞与

①昇給

　昇給とは、定期的（毎年1回が目安）に人事評価や年齢、勤続年数、職能等級経過年数などを根拠として、給与表に基づいて一定の基本給額を上げていく仕組みです。逆に降給というのもあります。

　契約社員などの非正規雇用社員では、**「契約更新時の昇給無し」**などと記載されていると労働条件としては劣後します。なお、**ベースアップ**とは、これとは異なり給与表自体を書き直し新しい給与額とすることです。

②賞与

　賞与はボーナスとも呼ばれ、毎年決まった時期に毎月の賃金とは別に、企業の業績に応じて**一時金**が支給されるもので、**業績賞与**と呼んでいます。夏季と冬季の年2回が一般的ですが、3月に期末手当と称して年3回を制度化しているところもあります。また、契約社員など非正規雇用社員では、予め決めてある固定的な額を支給する**定期賞与**の場合もよく見かけます。賞与は企業業績や経済状況により、支給額に増減があることも支給されないこともあります。そのため、賞与の支給有無だけではなく、賞与の支給実績も確認しておくことをお勧めします。

（7）勤務時間（労働時間）

　勤務時間は、法令上では労働時間と呼ばれています。

　企業ごとに就業規則で定められている、始業時刻から終業時刻までの時間から休憩時間を除いた時間のことを、**所定労働時間**といいます。所

定労働時間は、原則として労働基準法に定める**法定労働時間**（休憩時間を除き1日8時間、1週40時間）を超えることはできません。

　休憩時間については、労働時間が6時間を超える場合においては**少なくとも45分**、8時間を超える場合においては**少なくとも1時間**の休憩時間を労働時間の途中に与えなければなりません。

　この勤務時間は、労働基準法に定める範囲内で、1年や1カ月の週平均労働時間を40時間以内に収まるように勤務日や勤務時間を設定（変形労働時間制）したり、24時間稼働の工場や総合病院のように3交代制勤務を設定したり、業界や職種の特殊事情や年間休日を考慮した様々な労働時間制度が採用されています。

　また、近年、ホワイトカラー職種を中心に、**ワークライフバランス**[12]の向上を目的に、1カ月の総労働時間を決定し、勤務日ごとの出勤時間や退勤時間を、従業員本人が自由に決定できる制度（フレックスタイム制）[13]の導入も進んでいます。業界や職種の特殊事情に限らず、同じ業界、職種でも異なった労働時間制度が採用されていることもあるので、一般的な勤務時間に限らず、変形労働時間（よく利用されているのが1カ月単位の変形労働時間制）[14]やフレックスタイム制についても理解を深めておくことが大切です。

（8）休日・休暇

　①所定休日・法定休日

　　　休日とは、企業の休日として定めているのが**所定休日**で、労働基準法で定められている、毎週少なくとも1回、例外として4週間に4回の休日を**法定休日**といいます。法定休日は、労働基準法の定めにより、労働契約において、労働者に労働義務がないとされている日のことをいいます。時間外労働としての休日労働手当が支給されるのはこの法定休日に労働した場合です。

　　　毎週必ず2日の所定休日がある場合を**完全週休2日制**（毎週

土日であるとは限りません）と呼ばれています。もっとも、変形労働時間制を採用している場合では、概ね週休2日であったとしても、一部で週休1日だったとしても**週休2日制**といい、隔週で週休2日が確保されている場合は**隔週2日制**と呼んでいます。この他にも国民の祝日、夏季休暇、年末年始休暇、創立記念日などが所定休日に含まれますが、国民の祝日が必ずしも休日ではない企業も多々あります。

　業界や職種の特殊事情により所定休日数は大きく異なりますので、週や月での休日数だけでなく、年間の休日数についても理解を深めておくことが大切です。なお、年間休日総数の1企業平均は108.9日[15]となっていることから、年間休日総数は**110日前後を超える**休日数を目安に労働条件の優劣を評価すればよいと思います。

②年次有給休暇

　年次有給休暇とは、所定休日とは別に労働日の賃金を補償して労働を免除する制度です。労働基準法39条の定めにより、労働者は権利としての**請求権**[16]を有しています。労働者の心身の疲労を回復することを目的としているため1日での取得が原則となりますが、ワークライフバランスの向上などを目的に、半日や時間単位での付与もあります。初回の年次有給休暇は6カ月継続勤務し全労働日の8割以上出勤した際に**10日**の年次有給休暇が与えられ、その後、継続勤務1年ごとにその期間の全労働日の8割以上出勤した労働者に対し勤続年数に応じて、**最高20日**を限度として段階的に与えられることが原則です。

　もっとも、企業によっては、福利厚生の一環として、入社日から権利発生の日としていることや、付与日数が法定よりも多い場合もあります。このような企業はホワイト企業の可能性が高いと

継続勤務年数		6カ月	1年6カ月	2年6カ月	3年6カ月	4年6カ月	5年6カ月	6年6カ月以上
週所定労働日数が5日以上又は週所定労働時間30時間以上		10日	11日	12日	14日	16日	18日	20日
週所定労働時間30時間未満で右の週勤務日数（比例付与）	週4日	7日	8日	9日	10日	12日	13日	15日
	週3日	5日	6日	6日	8日	9日	10日	11日
	週2日	3日	4日	4日	5日	6日	6日	7日
	週1日	1日	2日	2日	2日	3日	3日	3日

思われます。

　　なお、年次有給休暇は **2年間**の不行使で**消滅時効**[17]にかかり、その分の年次有給休暇は使えなくなります。

　③法定休暇・特別休暇

　　年次有給休暇とは別に、産前産後休業、育児休業、介護休業などの法律の定めに基づく法定休暇があります。他にも、結婚休暇、忌引休暇、配偶者の出産休暇、リフレッシュ休暇など企業が任意に設定する休暇制度もあり、企業の福利厚生の大きな柱となっています。

（9）社会保険

　健康保険（病気や仕事以外でケガした場合などに給付）、**厚生年金保険**（老後の年金保障に留まらず、若い時であっても障害に該当した場合などに給付）、**雇用保険**（失業した場合の生活補塡としての給付など）、そして**労災保険**（主として仕事中や通勤時にケガした場合などに給付）があります。

　　これらは法律により企業に加入義務がありますが、労災保険以外の保険料は原則として労働者と企業の折半となっています（労災保険は企業負担のみ）。但し、福利厚生の一環として、この負担割合を企業が多く

持つ場合もあり、この場合の手取り額は意外と大きな額となりお得です（求人票に記載されることは少ない）。法人の企業に正社員として採用される場合は、全ての社会保険に強制加入となっています。

（10）退職金

　退職金は、**退職一時金**や**確定拠出年金**などの制度があり、退職時に一時金又は年金として支給されるものです。何れもが勤続年数が 3 年以上でないと支払われないルールになっていることが多いです。

　伝統的に退職一時金の制度が主流でしたが、近年では、雇用の流動化、就労の多様化や労働市場の変化、企業の財政面での負担軽減なども加わり、退職金制度の見直しが図られています。その結果、確定給付型の企業年金の導入や個人の自助努力の支援を強化する目的で確定拠出年金を導入する企業が増加しています。

　もっとも、確定拠出年金はポータブル性（転職時に次の就職先に移行することができる）があり、また、マッチング拠出（個人での追加拠出）も可能で、税制面での優遇も厚いことから、大企業に限らず中小企業においても注目されている退職金制度なのですが、労働者には総じて不利な面が多々あると思います。

（11）福利厚生・労働組合

　①福利厚生

　　　福利厚生には、法定福利と法定外福利があります。法定福利は、前述の社会保険等のような法律に定められている企業負担分のことです。**法定外福利**は、企業の個性が出る様々な施策があります。最も一般的な慶弔見舞金や財形貯蓄に始まり、リゾート施設割引、人間ドック割引、育児休業の延長措置、住宅購入補助、昼食補助、資格取得支援などや、社宅や賃貸住宅補助など多彩です。しかしながら、企業規模の小さい企業では設けられていないこともあります。他にも、大企業を中心に企業所有の社宅や企業独自の保養

所を持っているところもあります。

②労働組合

　労働組合は、労働組合法の定めによる労働者の団結によって労働条件の交渉などができる組織のことです。労働組合費が徴収されて組織運営されています。ユニオン・ショップ協定が存在する場合は、自己の意思に関係なく必ず加入しなければなりませんが、そうでない場合は任意です。現在の労働組合の組織率は、概ね 17.1%[19] です。

（12）提出書類・会社説明会

①提出書類

　提出書類は期限ギリギリを避けて、出来るだけ早く提出することが望ましいことです。健康診断書や卒業見込証明書などは、事前に数通準備しておくと期限が迫ってもあせることがないです。また、提出書類は独自の様式を使用する企業もあり、それ以外での書類は受け付けてもらえないことがあります。特に指定がない場合は、原則として、大学での様式を使用することになります。

②会社説明会

　会社説明会や企業訪問時は、15 分前に着くように心がけて下さい。また、事前に予約が必要な会社説明会は早々に埋まってしまい、申込方法も自社 HP から行う企業や就活サイトを通して行うなど様々なので、興味のある企業や働きたいと思う企業がある場合は小まめに確認しておくことです。

1-3　青少年雇用促進法

　青少年雇用促進法は、新規学卒者の募集を行う全ての企業が、幅広い青少年雇用情報の提供に努めることを定めています。また、求人している企業は、申込み先の公共職業安定所や職業紹介事業者から、そして応

募者たる学生から求められた場合は、次表のＡ～Ｃの３類型の其々から１つ以上の青少年雇用情報を提供しなければなりません。

応募者等から求められた場合の情報提供項目

A 募集・採用に 関する状況	①過去３年間の新卒採用者数、離職者数 ②過去３年間の新卒採用者数の男女別人数 ③平均勤続年数（可能な場合は平均年齢も）
B 職業能力の改質・ 工場に関する状況	④研修の有無・内容 ⑤自己啓発支援の有無・内容（教育訓練休暇制度、教育訓練短時間勤務制度を含む） ⑥メンター制度の有無 ⑦キャリア・コンサルティング制度の有無・内容 ⑧社内検定等の制度の有無・内容
C 企業における雇用 管理に関する状況	⑨前年度の月平均所定外労働時間の実績 ⑩前年度の年次有給休暇の平均取得日数 ⑪前年度の育児休業取得対象者数・取得者数（男女別） ⑫役員に占める女性の割合及び管理的地位にある者に占める女性の割合

　個別に学生から情報を求められた場合に、企業の対応としては、メール又は書面による情報提供をしなければならないことになります。実際には、各企業は、ホームページでの公表、会社説明会での提供、求人票への記載、求人媒体を通じての提示などによって、自主的な情報提供をしています。学生の皆さんにとって、これらは余りにも少ない情報かも知れませんが、労働条件を知るというよりも、企業が示していない情報は、何故出せないのかを考え、ブラック傾向にある企業のあぶり出しに使っていくと良いと思います。

2. 企業の社会的認定制度

2-1 ユースエール、くるみん、えるぼし認定

　法令遵守は勿論のこと、企業の**社会的責任**を重く意識して、労働環境の一層の改善に取り組み、努力をしている企業は沢山あります。これらに対して厚生労働省は認定制度を設けています。次に幾つかの認定制度を紹介します。[20]

（1）ユースエール認定制度

　ユースエール認定制度は、青少年雇用促進法に基づき、若者の採用・育成に積極的で、若者の雇用管理の状況などが優良な中小企業に対して、厚生労働大臣が「ユースエール認定企業」として認定します。

（2）くるみん認定制度

　くるみん認定制度は、次世代育成支援対策推進法に基づき、一般事業主行動計画を策定した企業のうち、計画に定めた目標を達成し、一定の基準を満たした企業は、申請を行うことによって「子育てサポート企業」として、厚生労働大臣が認定しています。

　これらの中でも、より高い水準の取組を行う「くるみん認定企業」については、一定の要件を満たした場合は申請により「子育てサポート企業」として、厚生労働大臣から特例認定（**プラチナくるみん認定制度**）を受けることができます。

（3）えるぼし認定制度

　えるぼし認定制度は、女性活躍推進法[21]に基づき、行動計画の策定・届出を行った企業のうち、女性の活躍に関する取組の実施状況が優良な企業が、申請すると、厚生労働大臣の認定を受けることができます。認定を受けた企業は、厚生労働大臣が定める認定マークを商品などに付することができ、これを活用することにより、女性の活躍が進んでいる企業として、企業イメージの向上や優秀な人材の確保が図れるなどのメリットが考えられます。

2-2　安全衛生優良企業

　安全衛生優良企業とは、厚生労働省が平成27年6月から始めた**安全衛生優良企業公表制度**によるもので、労働安全衛生法を根拠にしています。この制度は「労働安全衛生に関して積極的な取組を行っている企業を認定・企業名を公表し、社会的な認知を高め、より多くの企業に安全衛生の積極的な取組を促進するための制度」

安全衛生優良企業認定マーク
（厚生労働省HPより）

です。企業が厚生労働省のチェック項目[22]で自己診断をし、一定基準を満たした場合に所轄の労働局長へ申請し、書類審査やヒアリング調査を受けて認定されるものです。認定されると厚生労働省ホームページに企業名が公表されます。なお、認定期間は3年でその後は再度申請が必要です。この制度はイメージ向上や取引先、求職者への良いアプローチとなるなど企業にとってもメリットがあります。

2-3　健康経営優良法人の認定

　健康経営優良法人認定制度とは、経済産業省が企業の社員や求職者、関係企業や金融機関などから「従業員の健康管理を経営的な視点で考え、

戦略的に取り組んでいる法人」として、認知されるよう優良な健康経営を実践している大企業や中小企業を顕彰する制度です。

　認定基準は、「見える化」することを前提に、経営理念、組織体制に関する項目の他、「従業員の健康課題の把握、必要な対策の検討」「健康経営の実践に向けた土台づくりとワークエンゲージメント」[23]「従業員の心と身体の健康づくりに向けた具体的対策」に関する 15 項目が設定されており、このうち 12 項目以上についての取り組みが必要となります。

　認定は大規模法人部門と中小規模法人部門に分かれ、大規模法人のうち上位 500 法人が「ホワイト 500」として、更に原則 1 業種 1 社が「健康経営銘柄」として認定されています。認定を受けた企業はロゴを使用することが認められています。このロゴにより其々の企業の健康経営に対する取り組みを確認することができます。

〈注〉

1 労働法では、使用者、事業主又は事業者と個別法律で呼び方が異なることがあるが、労働基準法に規定する使用者は、法人自体や経営幹部を指している。男女雇用機会均等法などで使われている事業主と、労働安全衛生法などで使われている事業者とは経営者や法人を意味しており、これらに法的意味としての大差はない。

2 公共職業安定所は、厚生労働省設置法 23 条に基づき、「国民に安定した雇用機会を確保すること」を目的として設置されている行政機関。職安とも呼ばれていて、1990 年からは公募で決定された「ハローワーク」を愛称としている。求職者に就職（転職）の相談・指導、適性や希望に合った職場への職業紹介、雇用保険の受給手続を行い、雇用主には雇用保険、雇用に関する国の助成金・補助金の申請窓口業務や、求人の受理などを行う。なお、取締、規制に関する業務はない。

3 講学上は、非典型労働者又は非正規労働者と呼ばれている。

4 育児介護休業法 26 条「事業主は、その雇用する労働者の配置の変更で就業の場所の変更を伴うものをしようとする場合において、その就業の場所の変更により就業しつつその子の養育又は家族の介護を行うことが困難となることとなる労働者がいるときは、当該労働者の子の養育又は家族の介護の状況に配慮しなければならない。」

5 資格を大別すると、国家資格、公的資格、民間資格に分けることができるとされている。国家資格は、国が法律に基づいて実施する国家試験に合格するか、又は国の認可を受けた養成施設（学校）で実習等を経て認定要件を満たし取得する資格のこと。国家資格には有資格者以外は業務を行うことができない公認会計士、税理士、社会保険労務士などの「業務独占資格」、有資格者以外はその名称を名乗ることができない中小企業診断士や社会福祉士などの「名称独占資格」、特定の事業を行う際に法律で資格者の配置を義務付けている宅地建物取引士や衛生管理者などの「法定必置資格」がある。公的資格は、都道府県知事や公益財団法人、商工会議所などが、試験などを課してその合格者に資格を付与するもの。実践的な資格として著名なものとして簿記資格がある。民間資格は、民間団体が個別の判断で試験名称や受験方法を定めて独自に実施するもののこと。社会的な信用度については、圧倒的に国家資格が高いが、公的資格や民間資格でも、伝統的に社会から評価されているものや時代の要請により一定の評価を得ているものもある。

6 労働基準法 37 条に定めがある。2023 年 4 月 1 日以降は、中小企業にも適用される。労働基準法 119 条により、これらに違反した場合は、使用者には 6 カ月以下の懲役又は 30 万円以下の罰金が罰則として付加される。

7 参考として。2020 年 10 月時点の東京都の地域別最低賃金額は、全国でいちばん高設定額の 1013 円。大阪府 964 円、京都府 909 円。滋賀県 868 円、愛知県 927 円、岐阜県 852 円、三重県 874 円。いちばん低設定額は、鳥取県、島根県、沖縄県などの 792 円であった。

8　中川直毅『要説 キャリアとワークルール（第3版）』三恵社　2021年　102頁

9　西谷敏『労働法（第3版）』日本評論社　2013年　146頁

10　西谷敏『労働法（第3版）』日本評論社　2013年　148頁

11　最低賃金法に定める減額特例の要件。①精神又は身体の障害により著しく労働能力
　　の低い者。②試みの使用期間中の者。③基礎的な技能等を内容とする認定職業訓練
　　を受けている人のうち厚生労働省令で定める者。④軽易な業務に従事する者。⑤断
　　続的労働に従事する者。なお、本文の試用期間中の者は、②に該当する者で、「申
　　請のあった業種又は職種の本採用労働者の賃金水準が最低賃金額と同程度であるこ
　　と」及び「申請のあった業種又は職種の本採用労働者に比較して、試みの使用期間
　　中の労働者の賃金を著しく低額に定める慣行が存在すること」を充たしていて、併
　　せて減額対象労働者の賃金を最低賃金額未満とすることに合理性がある場合に限ら
　　れる。実際は、なかなか認められていない。

12　ワークライフバランスとは、労働者の仕事生活と家庭生活の適切なバランスがとれ
　　た職業生活のこと。

13　フレックスタイム制（労働基準法32条の3）。清算期間（3カ月以内の一定期間）
　　を平均して、1週間あたりの所定労働時間を、法定労働時間の範囲内になるように、
　　総労働時間を定める。労働者は、その範囲内で、各日の始業・終業時刻を自主的に
　　選択して労働が可能となる制度。この制度の採用には、先ずは就業規則に、始業・
　　終業時刻を労働者が自主的に選択できる旨を記載した上で、労使協定により、対象
　　労働者の範囲・清算期間とその期間内の総労働時間・1日の標準労働時間などを取
　　り決めなければならない。

14　1カ月単位の変形労働時間制（労働基準法32条の2）。就業規則又は労使協定により、
　　1カ月以内の一定期間を平均して、1週間あたりの所定労働時間を、法定労働時間
　　（40時間）の範囲内とする旨を定めた場合には、特定の日・週（例えば、月初・月末な
　　ど）について、1日及び1週間の法定労働時間を超えて、使用者は労働者に対して、
　　労働をさせることができる。なお、労使協定による場合には、労働基準監督署に届出
　　る必要がある。

15　厚生労働省「平成31年就労条件総合調査の概況」に拠る。

16　労働者の請求権であることから、年次有給休暇の取得請求時にその理由を述べる必
　　要はない。但し、業務繁盛期や決算期などでは、使用者は時季変更権が行使できる
　　場合がある。その場合であっても、使用者は他の日に年次有給休暇を確保するよう
　　にしなければならない。

17　消滅時効は、「しょうめつじこう」と読む。民法に定めがあり、一定期間行使され
　　ない権利を消滅させる制度。

18 ユニオン・ショップ協定とは、使用者が労働協約において自己の雇用する労働者のうち、その労働組合に加入しない者及び組合員でなくなった者を、使用者は、解雇する義務を負うとする制度で、労使双方にメリットがある。労働組合には、使用者に対して、企業における組織力を担保とした一定の交渉力を確保することができ、企業にとっても、特定の労働組合への加入を促進することで労使関係の安定感を保つことができるメリットがある。

19 2017年6月朝日新聞調べ。

20 参考HP：若者雇用促進総合サイト（厚生労働省）。マークも同様

21 女性活躍推進法は、2016年4月に施行。正式名称を「女性の職業生活における活躍の推進に関する法律」という。「働きたい女性が活躍できる労働環境の整備を企業に義務付けることで、女性が働きやすい社会を実現すること」を目的としており、10年間の時限立法。

22 厚生労働省ホームページより。

23 健康経営とは、社員の健康管理や健康増進の取り組みを投資として捉え、経営的視点で考え戦略的に実行していく新たな経営手法のこと。ワークエンゲージメントとは、社員のメンタル面での健康度を示す考え方で、仕事に対する、熱意・没頭・活力の三つが満たされている心理状態のこと。メンタルヘルス対策の一環とした概念。

〈参考文献〉

西谷敏 『労働法（第3版）』日本評論社　2020年

水町勇一郎 『労働法（第8版）』 有斐閣　2020年

公益社団法人全国労働基準関係団体連合会 『改訂7版 労働関係法の要点』 公益社団法人全基連　2021年

岡崎淳一 『実務のための労働法制度』 日本経済新聞出版　2020年

労働新聞社編 『職業安定法の実務解説（改訂第6版）』 労働新聞社　2020年

1. 企業とは

1–1　企業規模とその難度

　就活で必ず耳にするのが、「大企業」や「中小企業」という企業の規模を示す言葉です。企業の規模は、資本金、従業員数、売上高などを基準としていますが、単純にこれらの大小で決まるものではありません。そうかといって感覚的なものでもありません。実は法令により定められているのです。しかしその区分の観点は様々です。会社法、法人税法、下請代金支払遅延等防止法[2]などの法律で其々の用途ごとに法定化されており、必ずしも一律的に規定されているとは限らないからです。もっとも、就活に関係する規模については、原則として、中小企業基本法の定める次表の基準が使用されています。

　また、従業員数は正社員だけではなく、契約社員やパート、アルバイトなどの非正規雇用労働者も含まれているので、業界や職種によっては非正規雇用の労働者の数が正社員数を上回ることもあります。このような事情があるので統計は目安の一つとして捉えておく程度で良い訳です

中小企業基本法

■中小企業の定義

業種	従業員規模・資本金規模
製造業・その他の業種	300人以下または3億円以下
卸売業	100人以下または1億円以下
小売業	50人以下または5,000万円以下
サービス業	100人以下または5,000万円以下

出典：中川直毅編『要説 キャリアとワークルール』三恵社 2019年 60頁の図引用

が、大企業数は全体の 0.3％に留まっており、就活においては「大企業は狭き門」であるということを、確りと認識しておいて下さい。

　産業別については、国内では「農業・林業」「建設業」「製造業」「卸売小売業」などと分類されていますが、これは日本標準産業分類によるもので、第一次産業、第二次産業及び第三次産業という義務教育でも習ったことのある分類です。

1-2　大企業がすべてか

　上場企業とは、企業が発行している株式が証券取引所に登録されていて、証券取引市場を通じて株式売買を行うことができる対象となっている企業のことです。いわゆる東証 1 部上場などの取引市場があり、上場するには、資本金などの上場基準に合致していなければならないので一定の信用力のある企業とされています。

　企業が厳しい上場基準を満たしてまで上場或いは上場を維持していくのは、資金調達や増資、起債、借入が比較的容易になるというメリットがある訳ですが、それらの理由以外にも、社会的評価が高まることを期待しての側面もあります。法令遵守や社会的責任を遂行することを自己が律していかなければならない義務があるからなのです。そして当然のことですが財務内容等の公開も義務付けられています。これらの観点により、学生の就職志向は高く人気があります。主な証券取引市場の種類を次頁の表に示しておきます。

　大企業や上場企業が優良企業である可能性が高いことに間違いはありませんが、大企業や上場企業の全てが優良企業であるという認識には注意が必要です。日本取引所グループが発表している 2020 年 4 月末現在の上場企業数は約 3,700 社となっていますが、一方で、東京商工リサーチが発表している平成時代の上場企業倒産数は 234 社となっており、上場企業に就職したから安泰という訳でもありません。

	ジャスダック	東証 2 部	東証 1 部
株主数	200 人以上	800 人以上	2200 人以上
流通株式	流通株式時価総額 ⇒ 5 億円以上	時価総額⇒ 20 億円以上 流通株式比率⇒ 30% 以上	時価総額⇒ 250 億円以上 流通株式比率⇒ 35% 以上
純資産の額	2 億円以上	連結で 10 億円以上	連結で 10 億円以上
利益額	直近1年間で 1 億円以上	直近2年間で 総額5億円以上	直近2年間で 総額5億円以上

出典：中川直毅編『要説 キャリアとワークルール（第 3 版）』三恵社 2021 年 47 頁の図引用

　何十年先の企業の存続を予測することは不可能ですが、大企業や上場企業だけに目を向けるだけでなく「自分にとって優良企業とは何か」という視点を持つことが大切です。また、各メディアや就職媒体等から毎年、就職人気ランキングが発表されていますが、これらの情報の活用にも十分注意が必要です。

　就職人気ランキングの上位にランキングされる企業の多くは、**B to C企業**（個人を対象に取引を行うことが多い企業）が多く、**B to B企業**（企業を対象に取引を行うことが多い企業）がランキングされることは少ないのです。ひと言でいえば、「消費者向けの広告宣伝などによる露出が高い企業がランキング上位を占める傾向がある」ということです。ランキング上位の企業以外にも優良企業は沢山存在しています。皆が走る方向ばかりが正しくはありません、是非、視野を広く持って就活情報の収集に努めてみて下さい。

1-3　ベンチャー企業とは

　ベンチャー企業に明確な基準や定義はありません。敢えてその根拠を示すとすると、タイプ的には、独立意識が強い起業家が起こした企業、SOHO（Small Office Home Office）や個人事業主として開業すること、社会貢献や地域貢献に挑戦する社会起業家などを挙げることができます。リスクを恐れずに創造的発想や革新的技術をもって新製品、新技術など

の新しい分野の事業を起こす中小企業も含めることができるでしょう。そして指向的には、強い成長意欲に支えられて、ベンチャーキャピタルなどの投資機関から積極的な資金調達を受けて、先行投資や規模の拡大を加速させることで、短期間で高収益を上げることを目的としている点が共通因子だと思います。

　ベンチャー起業家は数年単位での新興市場への上場やＭ＆Ａによる企業売却などを創業当時の目標の一つとしていることも多く、実際に上場やＭ＆Ａが実行されなくても、起業から数年間で急成長を遂げる例も少なくありません。最近の傾向としては、特にIT関連企業で急成長したベンチャー企業が数多く存在し、中にはその急速な発展により新たなプラットフォーム企業となり産業構造自体を変えてしまう企業も出現しています。

　一方で、市場ニーズの読み違いや無理な規模拡大などによる倒産も多く、一般的にいわれている**ベンチャー企業生存率**（創業から５年後は15.0％、10年後は6.3％、20年後は0.3％）に当てはまることや、成長を急ぐ余りに社員の向上心を過度に煽り、極端な長時間労働やノルマを課している例も少なくありません。やりがいやビジョンに共感し、自己実現や早期のスキルアップを目的にベンチャー企業に就職した結果、使い捨てにされその後の人生に苦労する事例も存在しています。したがって、ベンチャー企業を就職先に考えている場合は、その勢いや成長性が魅力的なことは確かなのですが、その点だけに目を奪われないようにすることが大切で、慎重な自己の意思の点検をして欲しいと思います。

1–4　業界とは

　業界というと言葉の意味は分かり難いのですが、「事業で取り扱うものを基準にして分類されている」と理解すれば良いと思います。就職情報媒体によっては業種を使っているところもあるので、業界と業種は同

じ意味として捉えておいて、就活においては問題ありません。

　主な業界例は下図の通りです。AI業界、次世代自動車業界、ドローン業界などの最先端技術に絞り込んだ業界名や、テレビ業界、スマートフォン業界などの商品やサービスに絞り込んだ業界名で区別することもあります。就活においての業界分析は、自分が就きたい仕事や志望する企業がどの業界に属するのか、業界の特徴や同業他社との比較を行う上でも重要です。企業研究の一環として業界の知識を深めるように努めて下さい。

【業界例】

製造業界 （メーカー）	食品業界、繊維業界、アパレル業界、化学業界、製薬業界、化粧品業界、機械業界、家電業界、半導体業界、電子部品業界、医療用機器業界、鉄鋼業界、非鉄金属業界、金属製品業界、自動車業界、精密機器業界、印刷業界、住宅業界、玩具業界など
小売業界	百貨店業界、スーパー業界、家電量販店業界、ホームセンター業界など
卸売業界	総合商社業界、専門商社業界（食品、機械、繊維など）など
金融業界・ 保険業界	銀行業界、信用金庫業界、証券業界、クレジット業界、リース業界、消費者金融業界、生命保険業界、損害保険業界など
不動産業界	不動産業界、不動産管理業界
サービス業界	ホテル業界、旅行業界、アミューズメント業界、レジャー業界、教育業界、冠婚葬祭業界、ブライダル業界、コンサルティング業界など
情報通信業界	情報処理業界、ソフトウェア業界、通信業界、マスコミ業界など
運輸業界	鉄道業界、運送業界、航空業界など

1-5　業界分析について

　日本には約381万社という多くの企業が存在しており、企業研究は効率よく行わなければ雲を掴むようなことになります。先ずは業界研究に取り組むことが常道としてのスタートラインです。業界研究を始めると其々の業界の特徴が見えてきます。企業を対象に取引を行うことが多い業界なのか（**BtoB事業**）、個人を対象に取引を行うことが多い業界なのか（**BtoC事業**）、その業界は今後更に成長する可能性があるのか、

それとも成熟した業界なのかを調べていきます。業界にも製品のように**プロダクト・ライフサイクル**[6]があるのです。

　業界研究に取り掛かり、其々の業界の特徴が確認できると、興味を持つ共通する箇所が見えてくると思います。「物作りの業界に惹かれている」「サービスを提供する業界に興味を持った」というように関心を持つ業界が絞れる場合や、「興味を持った業界全てが消費者の顔が直接見える業界だった」などがあると思います。そして、業界がある程度絞れてくると、その業界にはどのような企業があるか調べてみると良いでしょう。業界を代表する企業はどこか、企業間のつながりはどのようになっているのか、製品ごとのシェアはどのようになっているかなど、様々な視点で比較や検討をすることで自分に合った企業がはっきりしてくると思います。

　業界研究については、多くの書籍が出版されていますが、有名なものには、日本経済新聞出版の「**日経業界地図**」、東洋経済新報社の「**会社四季報業界地図**」があります。この2冊の本は、約180の業界に分けられ、そこに約4,000社の企業の情報が掲載されています。この2冊には、各業界の主要企業、各企業とのつながりや関係性、売上高、業界の動向や予想などが一目で分かるようにまとめられており、就活生の必携書籍です。何れかは手許に置いておくことをお勧めします。また、東洋経済新報社の「就職四季報」は、約5,000社の企業が業界ごとに分類され、修士・大卒採用数、3年後離職率、有休取得年平均、平均年収、採用プロセス、試験情報、給与・ボーナス、従業員数、求める人材などが掲載されており、同じ業界での比較が行いやすくなっています。

　業界研究を行う方法は、書籍やホームページ、新聞、雑誌、セミナーへの参加など様々なものがあります。ホームページについては、直接その企業のホームページにアクセスして様々な情報を確認する方法が一般的です。また、業界全体については、帝国データバンク（TDA）のホー

ムページに掲載されている「TDA景気動向調査」や「TDA業界天気図」がお勧めです。業界個別については、その業界団体のホームページに、加盟企業の一覧や外部リンク、業界の概況、業界の歴史などが掲載されており概観を知る上でも便利です。業界団体には、1882年設立の歴史ある日本紡績協会をはじめ、日本自動車工業会、日本化学繊維協会、日本製薬工業協会、日本通信販売協会、日本小売業協会、日本書籍出版協会、全国銀行協会などがあります。

1–6　情報収集

情報の収集方法に、次のようなものもあります。

資料の種類		特徴、長所短所、種類
書籍	専門図書	・体系的に書かれている。 ・専門性が高い（速報性は低い）。
	参考図書	・百科辞典、政府統計、政府白書など。 ・信頼性が高い。
逐次刊行物	新聞	・速報性がある。 ・情報量が多い。
	雑誌	・雑誌独自の政治色などがある。 ・信頼性は相対的に低め。
電子化情報	インターネット情報等	・情報が早い、多い。 ・情報の質に高低があり、信頼性の低いものも多い（取扱いには注意を要する）。

2. 労働統計を読む

2–1　労働統計を読むことの意義

各種調査に基づく労働に関する統計は、行政や民間の研究所等が公表しています。求人の動向や、世の中の労働条件がどのように変化しているのかを知ることは、仕事や企業を選ぶ際の基準となるだけでなく、自らの身を守るという意味においても役立ちます。ここでは、就業、求人、

労働条件の状況を知るという視点から、主な労働統計について紹介することにします。

2-2 就業に関係する統計

　我が国の労働力の状況を俯瞰する統計調査に、**労働力調査**があります。特定の4万世帯を対象に、毎月調査が行われ、就業者数や失業者数といった数字が集計され、完全失業率等の景気判断にも使われる指標が算出されています。

　労働力調査では、休業者は就業者に含まれ、完全失業率計算の分子とはなりません。休業者が仕事を失って就活を始めれば、完全失業者に含まれることとなり、完全失業率が上昇します。また、完全失業者は仕事を探す活動をしていることが条件ですので、働く意欲を失って非労働力人口に移動すると、完全失業率が下がる要因となります。

　雇用動向調査は、労働力の流動状況を明らかにすることを目的に始まったもので、6カ月ごと1年間に2回実施されます。入職者数と離職者数が集計され、入職率と離職率が算出されています。性別や年齢階級別に知ることもできて、年度ごとに資料が公開されているので、経年変化を把握することもできます。一般に、入職率と離職率は、他の世代に比べて24歳以下の若い世代で高くなる傾向があります。25歳以上では、入職率と離職率が共に低い数字で均衡し、60歳を超えてくると、離職率が上回ってきます。入職率が上昇している場合には、企業の労働需要が高まっていることが予測され、入職率と離職率が共に上昇している場合には、労働市場がより流動的になっていて、就職と離職が活発に行われていることを意味します。

2-3 求人状況に関する統計

　労働市場とは、労働者が労務の提供を行い、これを活用した生産活動

により利益を生み出していこうとする企業が、労働の需要と供給のバランスを取りながら取引をしていく場のことです。この需要と供給は、その時の求人と求職の状況により、其々の優位性が異なってくるのです。

　求人数が求職者（労働者）の数を超えているような場合であると、労働者の労働条件は良くなり、その逆であると労働条件はそれ程好転しません。この状況は経済環境によって異なってきます。これらは、求人の数が労働需要、求職者の数が労働供給と、労働経済学では呼ばれています。其々のバランスが取れた状況が**労働市場の均衡状態**ということになり、求職者にとっては必ず仕事にありつける状態ということになります。この動向は、後述の有効求人倍率によって客観的に知ることができます。

　もっとも、人がどのような仕事に就きたいかは、民主主義的な社会環境が整っていればいる程に自由な職業選択ができることから、職業への強い志向性が働き、需要と供給が単純に数的な一致とはならないことから、ミスマッチングという事態が起こってくるのです。

　厚生労働省から発表される**有効求人倍率**は、景気動向と同じ動きをすることから、景気一致指数とされており、景気動向を知る上でも重要な指標とされています。次に、同じく同様の指数とされている**新規求人倍率**とも併せて説明していきます。**有効求人倍率**と**新規求人倍率**のどちらも、ニュースや新聞などでもよく取り上げられていることから耳にすることも多いと思います。これらの数値は、公共職業安定所（ハローワーク）における求人、求職、就職の状況を取りまとめて集計し、求人倍率等の指標として算出しているものです。有効求人倍率と新規求人倍率は其々次のように計算されます。

用語	計算方法	特徴
有効求人倍率	有効求人数／有効求職者数	景気動向とほぼ一致する。
新規求人倍率	新規求人数／新規求職者数	労働力需給の先行的な動きを反映する。

大学の新規学卒者（大学院修了生も含む）の採用市場における求人倍率を知るための指標としては、リクルートワークス研究所が行っている**ワークス大卒求人倍率調査**が有名です。これは、毎年1月から3月にかけて、全国の民間企業に対して翌年3月卒業生の採用予定数を調査し、これと併せて学生の民間企業への就職意向を調査することで、求人倍率を算出するものです。採用予定数と就職意向の調査を基にしているので、理論値にはなりますが、20年以上続く調査であり、新卒採用市場の需給バランスを知る上で、大学のキャリアセンターや新規学卒者を対象とした就職支援会社が参考にしている指標です。

　企業は業績の見通しが明るいときには採用活動を積極的に行いますが、不景気のときには人員募集を押さえる傾向にあるため、求人倍率は景気変動に大きな影響を受けます。

　景気の動向を知る上で、たいへん重要な資料になるものとして、内閣府と財務省が実施している**法人企業景気予測調査**があります。資本金1千万円以上の企業を対象とし、四半期ごとの各社の景況や従業員の過不足感等に加え、売上高や経常利益等の実績値も調査項目としています。特に、BSI（Business Survey Index）と呼ばれる景況判断指数は、前四半期と比べて当四半期の業績が上昇しているのか下降しているのかという方向性を知るために用いられます。また、法人企業景気予測調査の他、日本銀行が四半期ごとに調査している**全国企業短期経済観測調査**も景気の判断材料として意義のある統計資料です。全国約1万社の企業を対象とし、各企業の業況や経済環境についての現状と見通しを調査したもので、一般的には「日銀短観」や「短観」等と呼ばれています。こちらも四半期ごとの調査であり、法人企業景気予測調査と調査項目は類似していますが、大きな違いは、D.I.（Diffusion Index）と呼ばれる業況判断指数です。BSIが前四半期と比べた業績の上下を測っているのに対し、D.I.は調査時点で各企業が捉えている業況の見通しを知ることができます。

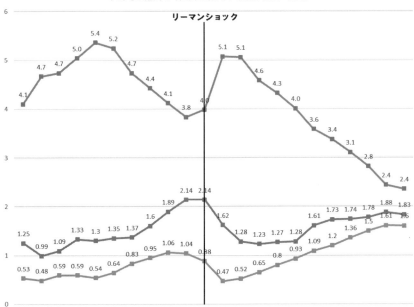

大卒求人倍率、有効求人倍率、完全失業率の推移

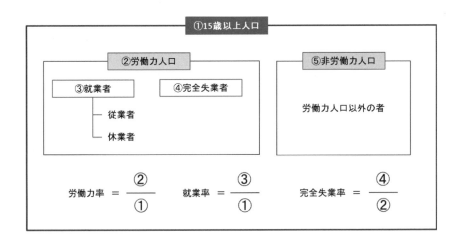

3. 失業と雇用保険

3-1 失業率からみた経済の動向

失業は、雇用保険法の定めでは、「労働の意思及び能力を有するにもかかわらず、職業に就くことができない状態にあること」[8]と定義できます。このような状態で仕事を探している人達の労働力人口に占める割合を**完全失業率**（以下、「失業率」という。）[9]といい、総務省から発表されています。失業率は景気の遅行指数としても活用されています。

日本の失業率の推移は、次表の通りですが、前述の表とは違い単独の統計を使っています。ここでは、直近二十年程の日本経済と雇用状況を簡単に振り返ってみたいと思います。

日本の失業率は、諸外国と比較すると安定数値を維持しており、雇用の安定性が伺えるところですが、日本経済の動向に伴って雇用変動が付きまとうことから、世代によっては就職などに苦労する時代を経験された方も多いのが実態です。

戦後復興を経て、高度成長を続けその期が終焉し、安定成長期に入り、

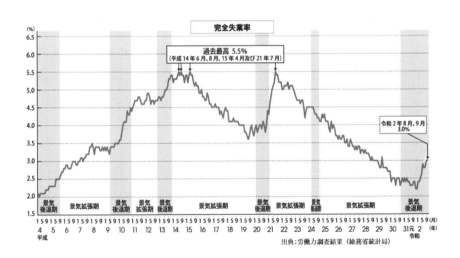

出典；労働力調査結果（総務省統計局）

バブル景気を迎えました。しかし金融機関が大量の不良債権を抱えてしまい、日本経済はいわゆる**失われた20年**の時代に入り、雇用状況も低迷し失業率の高止まり傾向が続きます。円高不況時の2002年（平成14年）3月には5.8％まで高まっています。その後円高を脱出したのを機に日本経済は、輸出型から内需並行拡大の構造改革が進められました。その間は景気に連動して失業率も抑制気味となっています。しかし、2008年9月のリーマンショック時の世界的不況¹⁰では、失業率が5％を超えるに至っています。その後、安倍晋三内閣のいわゆる**アベノミクス**と呼ばれる経済政策¹¹によって景気の持ち直しが図られ、失業率は十数年ぶりの低水準が維持され、一部業種では人手不足感が顕著となるまで好転しました。このような中、2020年1月頃に中国武漢に端を発したとされる新型コロナ禍が日本を襲い感染拡大し、世界もパンデミック状態に陥りました。日本経済も深刻な影響を受けることになりました。この「まさか」の新型コロナ禍による景気の急落により、雇用状況も前年とは打って変わって先行き不透明な状況に陥りました。

人生は「**上り坂　下り坂　まさか**」の「まさか」に気をつけなければと常々思っていますが、新型コロナ禍は、当にこの予測困難な「まさか」に当たってしまいました。新型コロナ禍は雇用に大きな影響を与えています。2021年4月に厚生労働省と総務省は、2020年度平均の有効求人倍率と完全失業率を発表しました。有効求人倍率は、人手不足が課題となっていた頃とは一転して、第1次オイルショック後の1974年度以来¹²の大きな下げ幅となり、東京や大阪などでは1倍を下回っており、大都市圏¹³を中心に経済に大きなダメージを受けていることが伺えます。一方、2020年度平均の完全失業率は2.9％で、悪化傾向はリーマンショック後以来の11年振り¹⁴です。労働従事者の減少が宿泊業・飲食サービス業（37万人減）や卸売業・小売業（12万人減）で目立っています。また、パートやアルバイトなどの非正規雇用労働者は2014年以降で初めて減

少しました。これらは、学生の皆さんのアルバイトにも関係の深い飲
食店や小売業などでの雇用減少が大きく影響しています。

3–2　新型コロナ禍の影響

　想い起こすと、近年の
日本は、数百年に一度
の大災禍に見舞われ続
けています。現在進行
形の新型コロナ禍（コロ
ナショック）は、スペイ
ン風邪以来となる百年に

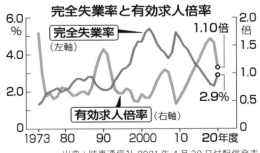

完全失業率と有効求人倍率

出典：時事通信社 2021 年 4 月 30 日付配信発表

一度的な世界規模パンデミックであるし、2008 年のリーマンショック
も百年に一度といわれる世界的な大不況で、東日本大震災は、こちらは
千年に一度の大震災です。これらの共通現象は何れもが経済危機を伴い
失業率の急速な上昇を見たということです。

　今次のコロナショックは、リーマンショックの需要型不況、東日本大
震災の供給型不況とは異なり、感染症対策に伴う人造的不況です。政府
による緊急事態宣言により経済力が意想外、唐突的に下落したものです。
政府は、被害状況を見極めながら感染症対策と経済活動の振興を並立し
て進め、その力点の掛け方に工夫しながら時間を稼ぎ、その間にワクチ
ン薬の接種を完了し、特効薬の開発を待って、新型コロナ禍の鎮静化を
図ろうとしています。我が国の経済は、この段階への到達時点で、元々
ある程度旺盛な国内消費需要が爆発的に拡大し、満を持しての設備投資
も行われ、経済力はある程度復活し、雇用状況も改善するのではないか
と思っています。しかも不景気に陥っている業界は限定的で、元気な業
界も多々あり、或いは一時的に落ち込みながらも前途に光明の見える業
界も幾つもあることから、需要型や供給型の不況とはこの点が大きく違

います。海外のサプライチェーンについての懸念事項はあるものの、旺盛な国内の消費需要と中小企業の底力に支えられて、技術革新が行われ、雇用の心配も暫くは続くものの限定的な業界に留まるものと考えます。新卒採用についても、「就活に一刻も早く着手する」「業界と企業研究を充実する」など、警戒を厳にして、例年の数倍の力を注げば、それ程に心配は要らないのではないかと思っています。

3-3 雇用保険

　雇用保険制度とは、①労働者が失業した場合に基本手当などの求職者給付が行われ、雇用の継続が困難となる事由が生じた場合には、高年齢雇用継続給付や育児休業給付などの雇用継続給付などが支給されます。これらを合わせて**失業等給付**といいます。②失業の予防や雇用状態の是正を目的とした雇用安定事業や労働者の能力開発に活用される能力開発事業もあります。[16] 失業した場合に真っ先に関係してくるのが基本手当です。因みに、新型コロナ禍においてマスコミの話題に取り上げられる**雇用調整助成金**[17]は、後者の雇用安定事業のうちのひとつです。

　もし失業するようなことがあった場合は、雇用保険を活用しながら、仕事を探すことになり、その際の生活を護ってくれるメインとなる給付が、ここで説明する求職者給付たる**基本手当**なのです。世間では俗称として失業手当とも呼ばれています。

　基本手当は、「被保険者が失業したときに、離職日前2年間に12カ月以上の被保険者期間」（凡そ「会社に勤めていて保険料を納めていた期間」と理解すればよい）[18]がある場合に支給されます。この場合の失業とは、前述の失業の定義で説明したことと同じですが、仕事をしようとの意思があって、公共職業安定所（ハローワーク）でその意思を認定してもらわなければなりません。自分で勝手にそう思っているだけでは駄目なのです。基本手当は、離職後に初めて公共職業安定所を訪れて求

職の申込みをしてから 7 日間の**待期期間**を経て給付されます。この場合に、自己都合退職[19]や会社都合退職[20]によって取扱いが異なり、前者だと退職日の翌日起算の **7 日間＋3 カ月**で支給されるのですが、後者であると 7 日間を経れば即刻支給されます。

　基本手当の**所定給付日数**は、被保険者期間の長さや倒産、解雇などの離職理由に応じて区分されています。なお、新型コロナ禍に対応した特例として給付日数の延長措置（一定要件のもと原則 60 日間）も講じられています。受け取り期間（受給期間）は、原則として離職から 1 年以内で、その間に 28 日毎に支払われます。基本手当の日額は、離職日前の賃金日額[21]に一定の給付率（80%〜50%）を乗じて算出され、年齢ごとの上限も定められています。

【所定給付日数】

①定年、自己都合退職、懲戒解雇等（②および③以外の全ての離職者）

離職時の年齢 ＼ 算定基礎期間	10年未満	10年以上20年未満	20年以上
65歳未満	90日	120日	150日

②倒産、解雇等で離職された方（③を除く）

離職時の年齢 ＼ 算定基礎期間	1年未満	1年以上5年未満	5年以上10年未満	10年以上20年未満	20年以上
30歳未満	90日	90日	120日	180日	―
30歳以上35歳未満	90日	120日（90日）	180日	210日	240日
35歳以上45歳未満	90日	150日（90日）	180日	240日	270日
45歳以上60歳未満	90日	180日	240日	270日	330日
60歳以上65歳未満	90日	150日	180日	210日	240日

※( )内は、受給資格に係る離職日が平成 29 年 3 月 31 日以前の場合の日数

③障碍者等の就職が困難な方（ご本人からの申し出が必要となります）

離職時の年齢 ＼ 算定基礎期間	1年未満 ※	1年以上
45歳未満	150日	300日
45歳以上65歳未満	150日	360日

※「1 年未満」欄は、②に該当する理由で離職された方にのみ適用されます

出典：東京労働局ホームページ

〈注〉

1　法人税法においては、業種や従業員数に関係なく、原則として資本金の額が1億円以下の企業が「中小企業者」と定義されており、従業員数が何千人という企業であっても、税制面の優遇を受けるなど経営戦略的な側面から中小企業に分類されることがある。

2　親事業者の下請事業者に対する、下請代金が発注後に減額や支払い遅延などの優越的地位の濫用行為を規制する独占禁止法の特別法として、1956年に制定。通称下請法又は下請代金法。近年の法改正でその規制内容や罰則の強化が図られている。

3　1949年制定の統計法に基づく、公的統計による産業分類を定めた総務省の告示。産業別統計を公表する際は、本告示の分類に基づき公表しなければならないとされている。

4　マザーズ市場⇒株主数：200人以上、流通株式時価総額：5億円以上、流通株式数25％以上、純資産額や利益額は決められていない。ベンチャー企業の育成が目的であることから、赤字決算でも認められる場合がある。

5　総務省統計局「平成26年経済センサス基礎調査」による。

6　米国の経済学者レイモンド・バーノン博士（1913～1999）によって1960年代に提唱された理論。「導入期」「成長期」「成熟期」「衰退期」という盛衰のサイクルのこと。

7　令和元年1年間の入職者数は8,435.4千人、離職者数は7,858.4千人で、入職者が離職者を577.0千人上回った。性、年齢別にみると20歳～24歳男性の入職率41.7％で離職率は30.7％、60歳～64歳男性の入職率14.5％で離職率19.0％、20歳～24歳女性の入職率43.5％で離職率33.9％、60歳～64歳女性の入職率13.5％で離職率18.5％となっている。

8　雇用保険法4条3項に規定している。

9　完全失業率（失業率）とは、労働力人口（就業者と完全失業者の合計）に占める完全失業者の割合のこと（失業者数÷労働力人口）。国内の雇用情勢を示す重要指標で、総務省が毎月発表する「労働力調査」の中で示される。

10　2008年9月に、米国投資銀行のリーマン ブラザーズ ホールディングスの経営破綻に端を発して連鎖拡大した世界規模の金融危機のこと。

11　安倍晋三首相の主導の下、第2次安倍内閣で計画され実施した「大胆な金融政策」「機動的な財政政策」「民間投資を喚起する成長戦略」の三つを柱とする経済政策。三本の矢の経済政策と称して発表され、アベノミクスとも呼ばれている。

12　1973年の第4次中東戦争（第1次オイルショック）、1979年のイラン革命（第2次オイルショック）に端を発した石油供給による経済危機。 石油価格が高騰し先進各国は不況とインフレの同時進行で大きな打撃を受けた。日本でもこれ以降石油備蓄基地を作るなどの対策を講じている。

13 2021年3月現在の大都市圏の有効求人倍率は、東京圏では、東京都0.88倍、埼玉県0.99倍、千葉県0.96倍、神奈川県0.87倍と軒並み1倍を切り、関西圏でも、大阪府0.95倍、兵庫県0.99倍と1倍を切っている。京都府だけは辛うじて1.00倍を維持。

14 完全失業者数は198万人（前年度比＋36万人増）。

15 正規労働者は3,549万人と前年度33万人増であったが、非正規労働者は2,066万人と97万人減少した。

16 雇用安定事業と能力開発事業を合わせて雇用保険二事業という。

17 雇用調整助成金とは、新型コロナウイルス感染症の影響により、事業活動の縮小を余儀なくされた場合に、従業員の雇用維持を図るために、労使間の協定に基づき、雇用調整を実施する事業主に対して、休業手当などの一部を助成するものです。

18 倒産や解雇等による場合は1年間に6カ月以上の被保険者期間。

19 自己都合退職とは、夫の海外勤務のためなど個人的な都合による退職のこと。懲戒による解雇も自己都合退職としての扱いとなる。

20 会社都合退職とは、経営不振による人員整理の際など一方的に労働契約を解除されるような場合や、割増退職金などの条件が付された退職勧奨に応じての合意退職の場合など。

21 基本手当の算定基礎となる賃金日額は、離職日前の6カ月間に支払われた賃金の合計金額を180で除した額。

〈参考文献〉

太田聡一・橘木俊詔 『労働経済学（新版）』 有斐閣 2012年

中川直毅編 『要説 キャリアとワークルール（第3版）』 三恵社 2021年

鎌田耕一 『概説労働市場法』 三省堂 2017年

丸谷浩介 『ライフステージと社会保障』 放送大学教育振興協会 2020年

産労総合研究所編 『2021年版人事・労務の手帖』 経営書院 2021年

第 **8** 講　インターンシップと組織

1. インターンシップとは

1–1　インターンシップの歴史

　1997 年に、当時の文部省、労働省及び通産省（当時）が合同して「インターンシップの推進に当たっての基本的考え方」を公表し、高等教育で創造的な人材育成を目的とする、インターンシップの推進を示しました。この中で、インターンシップは「学生が在学中に自らの専攻、将来のキャリアに関連した就業体験を行うこと」と定義され、**就業体験**を意味するものとされました。これ以降、大学でインターンシップが意識し始められました。

　この頃は、バブル崩壊後の就職氷河期の時代で、就職難や早期離職が社会問題化していました。そのため、国は、インターンシップを通じて教育界と産業界の連携を図り、学生が就業体験を通じて職業意識を高め、主体的な職業選択による就業率の向上を図ろうとしたことが背景にあります。

　2010 年度に大学設置基準の改正があり[1]、これを受けて大学でのインターンシップが急速に拡がっていくことになりました。大学での「職業指導及びキャリアガイダンス」が**義務化**され、教育科目にキャリア関連科目の導入も図られ、「インターンシップ」科目についても、単位化する大学が増えることになり、現在に至っています。

　その後、インターンシップの態様自体は[2]、一部企業によるタダ働き問題が社会的批判を受けるなどしながら、採用囲い込みのいわゆる青田買いに使われるなどして、就業体験的なインターンシップから、短期化

していき採用活動の一部にすらなる傾向を帯びるようになり、本質的な意味合いが当初の意図から変化していきます。

　現在では、批判はあるものの、寧ろ採用のためのひとつの手段として、学生の間にも認知されており、その傾向は深まるばかりです。その期間については、6カ月以上を要する本来的なものが理系職場やベンチャー企業を中心に存在しながらも、1日で終わるものもあるなど実施内容も多岐に亙っています。そして、**ズバリ採用直結タイプ**の他にも、**起業家向けタイプ**、**長期間の企業業務補助タイプ**、**課題解決型タイプ**、**プロジェクト参画タイプ**などその目的についても多様化しています。もっとも、近頃では、いわゆる「1日インターンシップ」[3]については、流石に就業体験たるインターンシップと呼ぶにはおこがましいということで、行政は、「**1日仕事体験**」と呼称するよう行政指導するようになりました。

1-2　新卒採用とインターンシップ

　現在では、新卒採用を行う企業では、インターンシップを実施するのが通常の姿です。学生の皆さんにとっては、就業体験を通じて、自己の職業適性を知り、将来どのような職業に就くのかを考える機会である点で有意義であることは、期間の長短に関わらず認識されています。

　大学のキャリア教育においても、インターンシップは、社会に適応し活躍できる人材育成の一環であることや、企業からのフィードバックを通じて、産業界のニーズを共有できることから、**産学協同**の観点からも、大学教育に還元、活用できる利点があります。一方、企業にとっては社会教育の提供という社会の公器として義務の履行でもあり、企業の認知度向上や就職希望者の分母拡大にもつながる実利があります。

　もっとも先述の通り、昨今では、優秀人材の獲得競争が広がる中で、企業はインターンシップを採用選考の材料として使う傾向が益々顕著となり具体化してしまっています。例えば、「インターンシップに参加し

た学生を優先して選考を通過させる」、或いは「インターンシップの取り組み状況が悪いと判断した学生を選考通過させない」といったことが暗黙的に平気で行われています。更には、**1DAYインターンシップ**と称して会社説明会を開催し一次選考に誘導するといった事例も多々あります。インターンシップと謳っていても、企業側の目的が様々であるため、参加してみて思っていた内容と違い落胆する学生も多くいます。このようなことに鑑みても、「敵を知り己を知れば百戦危うからず」[4]ということで、インターンシップにはどのような種類があるのかを知り、期間や実施内容、その意図を事前調査しておく必要があります。そして現実を受け止めて、インターンシップへの参加は、大学3回生からだけではなく、より早い時期から各自に見合ったタイプを出来得る限り複数選択して積極的に参加されることをお勧めします。

2. インターンシップへの参加

2-1 インターンシップの実施者

インターンシップは、民間企業が実施するものを中心に、省庁や自治体などの公的機関、NPO法人などの団体[5]も実施しています。下表は其々の特徴をまとめたものです。

実施団体	特徴
民間企業	大企業・中小企業・ベンチャー・外資系等、企業の規模や企業文化によって提供内容は多種多様。人気企業のインターンシップは競争率が高く、書類選考、筆記試験、面接などの選考も行われる。
省庁・地方自治体	省庁では、厚生労働省、経済産業省、防衛省等が提供するインターンシップ、都道府県や市区町村が提供するインターンシップもある。
NPOなどの非営利組織	長期に亘る「現場実践型」のプログラムが多く、インターンシップの内容がまちづくり・貧困対策・環境保全・消費者保護等の社会貢献活動であることが特徴。

2-2 インターンシップの応募先

　インターンシップの主催には、大学の授業科目として行われるもの、人材ビジネス会社が主催するもの、個別企業に直接応募するものなどがあります。インターンシップに参加を希望する学生は、次のような応募方法で申し込むことになります。

①就職関連サイトから応募

　　リクナビ、マイナビ、あさがくナビ、キャリタス就活等の就職関連サイトが提供しているインターンシップ情報から探して応募する方法です。学生の間では最もよく知られている方法であり、大企業や有名企業の情報も多く、質も豊富なのですが、その分志願競争率は高いです。また、登録企業の数がかなり多いため、自分に合ったインターンシップを探すのに苦労することがあります。

②直接応募

　　実施団体のホームページ等から、直接応募する方法です。予め参加したい業界や実施団体が明確になっている場合は、自力で探して応募できます。就職関連サイトのみで受付されている場合もあり、結果的に①の方法で応募することになる場合もあります。

③授業科目として履修

　　大学の正規科目授業の一環としてインターンシップに参加するもので、単位認定されます。授業科目のため、就業体験だけでなく、教員による事前事後の座学も含まれています。実際に企業に出向いて就業体験を行う日数は、単位認定の要件として、大学ごとに定められていますが、一般的には10日間の義務化が多いです。大学と提携している企業が受入れ先となるため、数には限りがありますが、専攻に関係の深い業種が多いという利点があります。

④大学のキャリアセンターを介して応募

　　キャリアセンターと提携している企業や、教授とつながりのあ

る企業を紹介してもらい、キャリアセンターを介してインターンシップに応募する方法です。卒業生が入社した企業ともつながりがある場合が多いので、参加したい業界や業務内容などをキャリアセンターに相談してみて下さい。③との違いは、単位認定の要件に縛られないため、例えば参加日数を2〜3日に短縮して実施できるなどの融通が利くところです。

⑤ インターンシップの仲介団体を経由して応募

NPO法人やNGOなどのインターンシップ情報をインターネットサイトで公開している団体があります。また、ベンチャー企業や海外で行われる外資系企業のインターンシップなど、ニッチな情報を提供しているサイトもあります。

2-3　インターンシップの種類

インターンシップの実施団体によって様々なプログラムがあます。期間の長短に合わせて可能な範囲も限られてきますが、次に概しての傾向として分別し、説明していきます。

短期型インターンシップの場合は、時間が限定的なことから、企業・業界の説明会に加えてビジネススキルセミナーといった座学や、社内ツアーなどの職場見学等がプログラムの組み込みに留まることが多いです。就業体験というよりは、講義を受ける形に近く、就業体験のイメージには遠く及びません。また、1〜2日間のようなものについては、寧ろ採用試験の予備試験的な位置付けとしているようです。

長期型インターンシップの場合は、実際に現場で補助的業務に就くことや、就職してからも行い得るような一定の企業の戦力となる業務を行うことも多く、現場実践型に「近い又はそのもの通り」の内容となっています。当然に、学生の皆さんはインターンシップ生として、受入れ先の指導員の下で業務を遂行していくことから、社会人と同じ立場で慣れ

ない仕事に就くことの難しさはあるものの、遣り甲斐や終了後の達成感
は大きなものとなります。

　インターンシップの種類を次表にまとめました。

タイプ	特徴	期間
企業説明会型	いわゆる「1DAYインターンシップ」。業界セミナーや企業の会社説明会が中心。職場見学会やグループワーク等を盛り込む場合もある。これは「ズバリ採用直結タイプ」になる場合も多々あります。 **→就活生向けのインターンシップ**	1日
	事業内容や仕事内容に関する講義が中心で、職場見学や若干のグループワーク等と組み合わせて、参加者の事業理解を図る内容が多い。ビジネススキル講座が提供されることもある。 **→就活生向けのインターンシップ**	2日〜5日
簡易体験型	企業説明会に加え、短期間の職場実習を組み込むパターン。社員と同じ仕事をするというよりは、営業に同行したり、業務の疑似体験をしたりと、職場や客先の雰囲気が感じ取れる内容になっている。 **→正規科目「インターンシップ」に対応**	3日〜2週間
成果物提出型	予め提示された課題に対し、個人やグループで取り組むプログラム。例えば、新商品の企画やアプリ開発、ゲームキャラクターのデザイン等、一定の成果物が求められ、最後に発表の機会が設けられることがある。コンテスト形式のプログラムもある。1週間程度になると「課題解決型タイプ」ともいえます。 **→就活生向け乍らも、学年不問のケースも**	3日〜1週間
現場実践型	現場に配属されて、社員と同じように業務に取り組むパターン。責任もあり、慣れない仕事だと困難な反面、本当の業務経験ができるため、貴重な内容であり、遣り甲斐もある。なお、より長期のタイプは、**長期間の企業業務補助タイプ。** **→インターンシップの本来的な就業体験**	1カ月程度以上

　本来的なインターンシップの目的である就業体験ができるのが、長期
に亘っての「現場実践型」タイプであるのに対し、短期間のものは、業
界や企業の説明程度に留まるものが殆どで、稀に業務体験ができたとし
ても仮想的又は簡易的なものです。短期型インターンシップは、早期に

学生の皆さんと接触して採用に結び付けたいという企業側の思惑が含まれています。とりわけ「**1DAYインターンシップ**」は、就業体験を伴わず、事実上の会社説明会になってしまっており問題もあることから、経団連を中心に見直しの動きが出ています。

　人事部の立場からすると、インターンシップと採用を直結させる意図はないにせよ、インターンシップに参加した学生がエントリーしてきたら、少なからず注目するものです。インターンシップを通じてその学生の人柄が凡そ分かっており、自社への関心が高いことは間違いがないため、選考を進めていく上での安心感もあります。入社後の早期離職を未然に防ぐため、採用試験ではインターンシップに参加した学生から優先して内定を出す企業も少なくありません。

　そこで、インターンシップに参加する学生の皆さんは、就業体験がしたいのか、就職に結び付けたいのか、**目的**に応じて期間の長短も含めインターンシップ先を決めることが重要です。1～2回生なら前者、3回生なら後者と時期によって目的を分けることが一応の目安です。なお、概して文系学生に対しての大企業は、企業説明会型又は成果物提出型の課題解決型タイプが多く、ベンチャー企業では、長期の現場実践型を取り入れる傾向があります。

2-4　参加への流れ

　インターンシップへの参加方法の種類について説明します。

　人気企業のインターンシップは、学生を絞り込むために書類選考、適性検査、学力テスト、面接等と、採用試験と殆ど変わらないプロセスを経て選定しています。

　授業科目としてのインターンシップの場合は、募集枠があることからインターンシップ先に希望者が集中するようなときは、キャリアセンターの方で、事前に専攻や学業成績を考慮して振り分けを行います。ま

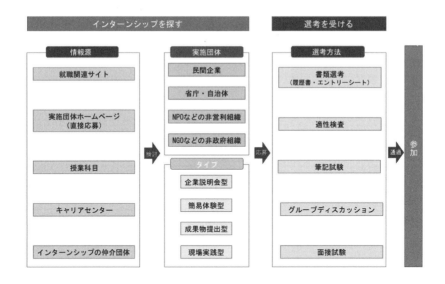

た、キャリアセンターを介したインターンシップの場合だと、個別の申込みが殆どで競争率は高くないのですが、キャリア担当職員により履歴書の確認や簡単な面談を行うことがあります。

3. 組織について学ぶ

3-1　企業組織の構造を知る

　インターンシップに参加するには、事前に業界・企業・職種に関する研究が必須です。大学キャンパス内とは、言葉も考え方も、そして組織も全てが**企業社会**なので、予備知識がないと、職場で右往左往するだけでなく、インターンシップの目的を果たせません。しかも、企業に大いなる迷惑をかけてしまうことから、社会人になる資格無しということにつながりかねません。この点は十分に留意して置いて下さい。

　ここでは、企業組織についての、次の前提の下でのインターンシップと仮定して、基本的事項を説明します。

大学生の貴方が、志望していたメーカーでのインターンシップへの参加が認められ、期間は2週間で、営業課に受け入れられた。そして、顧客からの見積り依頼に対して見積書を作成し、商品説明をする仕事を与えられた。

　現場実践型のインターンシップです。客先の見積り依頼に対して見積書を作成し、商品説明をする仕事を与えられた場合は、他部署の社員に聞いて確認しておかないと、不明なことが出てきてしまいます。見積りに関することなら生産管理課に、商品の仕様に関することなら開発課や技術課にというように、企業は分業を前提に成立しています。其々の部署が専門となる役割を担って事業が運営されているからなのです。

3-2　組織間の関係を知る

　企業は、有形であれ無形であれ製品やサービスを売って利益を得ます。毎月一定の売上があってこそ社員の給与を支払うことができ、製品の材料を仕入れることもできるのです。また、企業が1年間のうちに得た利益は、国税や地方税の対象となって国と自治体に納められたり、新たな設備投資に回されたりもし、内部留保として企業のいわばタンス預金として不測の事態に備えておくこともあります。企業組織を理解するためには、「何を売って儲けているか」という視点から考えていくと分かり易いです。

　製造業なら製品を自社で作って販売します。小売業なら商品を仕入れて店頭で売ります。インターネットを使った通信販売サービス事業なら、専用サイトを開発して、出店者から利用料を取って売上にします。これらの例でいえば、製品、商品、サイトに組織内の部署がどのように関わっているのかを知ることで、**組織構造**が理解できていきます。ここでの部署とは、組織内での機能のことであり、そこで働いている人の仕事の種類が**職種**となります。

次に、中堅規模の電子部品メーカーの組織図を例にとって、**企業組織**としての各部署がどのような役割分担で事業活動が行われているのかを紹介します。メーカーは顧客に製品を販売して売上を獲得し、コストとの差し引きで利益が生まれる訳ですが、材料を仕入れて製品を製造し、顧客のもとへ届けるまで、様々な部署が関係しています。

（1）営業部

　顧客と接する最前線で働くのが営業部です。見積依頼や発注依頼を受けるのは各支店の営業社員の業務ですが、製品に不具合が発生してクレームを受けることもあります。比較的容易に解決するものであれば、商品保証課が対応し、専門知識を要する難しい問題については、技術課や品質保証課に相談します。営業部は顧客から「こんな製品が欲しい」という要望を受けることもあります。このような顧客ニーズは開発課に伝えて新商品開発につなげます。また、営業活動は、在庫数や入荷時期の確認等を物流管理課に問い合わせながら、信用失墜とならないように欠品防止を意識して行っていきます。

（2）製造部

　メーカーの製造部といえば、工場を思い浮かべると分かり易いです。メーカーの最終目的は、製品を生産することではなく、製品を顧客に買って貰うことです。欠品を起こしてはいけませんし、不具合が起こってもいけません。製造課は、生産管理課と連携した適切な生産計画の下、標準化された作業手順に従って生産を進め、製造ラインを管理します。また、製品を作るための材料調達は購買課が担います。購買課は生産管理課と連携し、生産計画に基づいて必要な材料を発注します。品質保証課は客先で製品クレームが起こった際の応対などや、そもそも製品に不具合を起こさないための予防的措置を製造課に指示しています。

（3）技術開発部

　開発課は主に新製品開発を担い、技術課は既存商品の技術仕様を管理

し、不具合が起こった際やより使い易いものにするための設計変更等を担当します。営業部は顧客ニーズを開発課にフィードバックしてマーケティング機能を果たします。製品の不具合等に関する顧客からの問い合わせに専門的な知識が必要な場合には、技術課に相談します。

（4）管理部

　管理部は、営業、生産、開発等の利益を生み出す活動を担う訳ではありませんが、企業として果たさなくてはならない法的要求（例えば、会社法、労働法、税法に基づいた経営を行う等）を満たすための管理を行い、事業を担う他部門を支援又はリードしていきます。また、他部門からの要望や相談に応じることもあります。製造業、運輸業や伝統企業ではこの管理部門が大きな重みを持つ企業が多い一方で、卸売業や小売業ではバックオフィスと呼ばれることがあり、文字通り裏方の役割を担うところもあります。

　管理部門には、人事部門、総務部門、経理・財務部門、そして後方部門などがあります。

　①人事

　　　人材に関する一切を担います。人事制度の企画・運用、要員計画の作成、採用・配置・退職管理、賃金管理、就業管理、そして、人材育成としての能力開発施策の企画・実施や福利厚生管理もあります。他にも、安全衛生に関する事項を取り扱い、労使関係の対応などもあります。

　②総務

　　　総務は、社内の備品管理やOA機器を調達・管理、不動産の管理、各種イベントの運営、社内への各種通知、社内環境の整備や社内美化、防火防災などを担当し、取締役会の議事管理などの役割も担います。

③法務

　法務は、上場企業ならば株主総会の運営のほか、ビジネスで生じる法律業務を管理・相談・処理して、ケースによっては弁護士と連携します。日常的業務としては、契約書の締結審査としての適法チェック及びリーガルリスクの除去を担います。勤務する法務職は、極めて専門性の高い職種です。もともとは、総務部門内にありましたが、その業務の専門性とリーガルリスク回避から、法務部門として独立して置かれることになり、最近では中堅企業でも「独立した法務」を持つところが増えてきています。

④経理・財務

　企業内の金銭の流れを掌ります。経理関連の管理、給与の支払い、税金の管理、そして経営に重要な資金繰り、予算、資金調達などの役割を担います。資金に関する会計業務は専門的な知識が必要です。

⑤その他

　情報管理や自社独自のプログラム作成などを行う情報システム部門、自社の業務内容やサービスについて各種メディアを利用して周知を図る広報部門、中長期の経営計画の策定などを通じて社長をサポートする経営企画部門などもあります。

上記の通り、企業は複数の機能を持った部門が相互に関係しながら、経営がなされます。企業組織についての理解を深めることは、インターンシップに参加するにあたって自分がどのような役割を担うのかを俯瞰でき、仕事の視野を広げることができます。また、職種の研究にもつながるので、就活を行う上でも大変有意義です。

【電子部品メーカーの組織図】

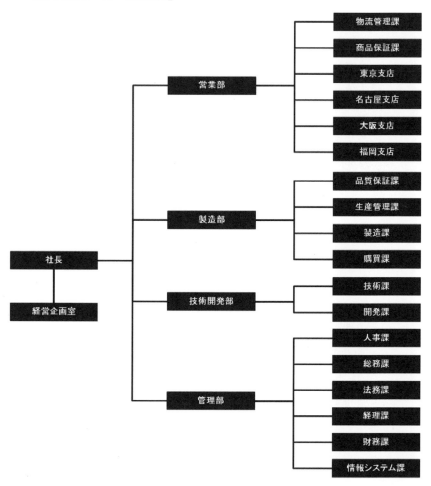

　他にも、ある程度の規模を超えると、管理部門から独立する形で**人事部**が設けられています。組織はヒトで維持・発展していくことから、人材管理、人材育成は、企業にとってとても重要なことだからです。人事部には、人事管理、人材開発、給与厚生を中心に、労使管理や安全衛生の機能を有する部署が設けられています。

〈注〉

1　大学設置基準は、学校教育法に基づく文部科学省の省令で、大学の設置に必要な最低基準を定めている。

2　リクルートキャリア就職みらい研究所の 2019 年度調査によると、何らかの形でインターンシップを予定する企業は、94.8% に達する。

3　「1DAY インターンシップ」の言葉の方が巷間でよく使われているようだ。

4　孫子の兵法に出てくる有名な言葉。「敵の実力と、自分の実力と、両方をきちんと知っていたら、戦において負けることはない」という意味。

5　貧困問題や子供の教育問題に取り組む NGO（非政府組織）によるインターンシップも稀ながらも存在する。主に海外で行われ、実施期間も長く語学力が求められる。費用の全てが自己負担である。

〈参考文献〉

上林憲雄編 『人的資源管理』 中央経済社　2015 年

中川直毅編 『要説 キャリアとワークルール（第 3 版）』 三恵社　2021 年

萩原勝 『失敗しない！新卒採用実務マニュアル』 産労総合研究所　2013 年

古閑博美 『インターンシップ（第 2 版）』 学文社　2015 年

第 **9** 講 就職メール・手紙・封筒の書き方

1．就職メール

1−1　就職メールのマナー

　就活では、人事部（採用担当）とメールでやり取りする場面が多くあります。学生の皆さんには抵抗を感じる方もいると思いますが、基本を押さえれば難しいものではありません。就活に入る前に、下記のポイントを参考にして、皆さん各自で基本となる雛形を作成しておきましょう。

（1）注意事項

　　①件名は、必ず記載します。空白のまま送信しないように。件名を記入する際は、用件が分かるよう具体的に書くようにし、目安として20文字でまとめます。

　　②届いたメールの返信は24時間以内に送ります。

　　③適度に改行します。目安は20文字から30文字くらいです。また、意味のまとまりごとに1行の空白を入れます。

　　④文章の最後には必ず連絡先を記載します。採用担当者は、毎日多くのメールを受信します。誰からのメールか直ぐに正確に分かるようにします。

　　⑤最後に必ず、誤字・脱字がないかチェックしてから送信します。

（2）メールの構成とチェックポイント

| 宛先： | jinjin@○○○.○○.○○ |
| 件名： | 資料請求のお願い |

株式会社○○○○
人事部　人事課　ご担当者　様

突然のメール失礼いたします。
私は、○○○○大学○○学部○○学科４年の名古屋 花子と申します。
現在、就職活動で○○業界を中心に企業研究を行っております。
とりわけ貴社の○○や△△について大変魅力を感じており、
さらに詳しく資料などを拝見したいと考えております。

つきましては、お忙しいところ誠に申し訳ございませんが、
会社案内や資料などがございましたらご送付いただけませんでしょうか。
お手数をお掛けしますが、何卒よろしくお願い申し上げます。

○○○○大学○○学部○○学科
名古屋 花子
〒○○○－○○○○
愛知県北名古屋市○○町○－○－○
電話　　０５６８－○○－○○
携帯　　０９０－○○○－○○○○
E－mail　○○○○○○@○○○○○○

①宛先にメールアドレスを正確に入力します。数字やアルファベットがひとつ違うことでも相手に届きません。大文字、小文字やハイフン、アンダーバーなどは注意が必要です。

②件名は、必ず記載します。用件が一読して分かるように「会社説明会予約の件」「資料請求のお願い」等、メールの内容が直ぐに分かるようにします。

③宛名には、企業名、部署名そして担当者が分かっている場合は「担当者名」を必ず記載します。担当者名が分からず組織に送信する場合は「御中」を入れます。（例：人事部 御中）

④メールについては、「拝啓」「敬具」などの時候の挨拶は不要です。用件を簡潔に、分かりやすくまとめます。文章が長くなる場合は、適度に改行します（目安は20文字から30字程度）。意味のまとまりごとに1行の空白を入れます。

⑤最後に、必ず署名を入れます。事前に作成し保存しておくと便利です。

1-2　手紙・封筒の書き方

　就活中は、応募書類の送付、お礼状等、様々な場面で手紙・ハガキを作成します。メール同様に苦手という学生が多いようですが、予め基本的な形式を覚えておけば役立ちます。また、手紙・ハガキの書き方や表現は、社会に出てからも最低限覚えておかなければならない必須のマナーのひとつです。就活を機会に基本を確りおさえておきましょう。

（1）注意事項

①便箋や封筒は白地を選ぶようにします。一般的に横書きはカジュアル、縦書きがフォーマルといわれています。したがって、就活に関連した手紙は縦書きが多くなります。色のついたものや絵柄のついたものは使用を避けます。

②筆記用具は黒ペンを使用します。消すことができるボールペンや鉛筆は使用できません。

③現代仮名遣いで、誤字・脱字・略字に気をつけて丁寧に書きます。万が一間違えた場合は、修正液や修正テープ等は使用せず書き直します。

④きちんと重さを確認して、正確な金額の切手を貼って投函します。くれぐれも金額不足や切手を上下逆に貼ったりしないようにします。

⑤応募書類を送付する場合は、必ず送付状を付けるようにします。

（2）応募書類送付状の文例

令和○○年○○月○○日

株式会社○○○
人事部 人事課 ご担当者 様

○○○○大学 ○○学部 ○○学科
〒000-0000
愛知県北名古屋市○○町○丁目○番○号
名古屋 花子

応募書類の送付について

拝啓 時下 貴社ますますご盛栄のこととお慶び申し上げます。
　私は、○○○○大学 ○○学部 ○○学科 4年の名古屋 花子と申します。

　貴社（貴法人）の求人を拝見し、○○職に興味を持ち、入社（入職）を強く希望しており、ぜひ採用試験を受けさせていただきたいと考えております。

　つきましては、ご指定のありました下記書類を同封致しますので、よろしくお取り計らい下さいますようお願いいたします。

　末尾になりましたが、貴社（貴法人）の一層のご発展をお祈り申し上げます。

敬具

記

1.　履歴書　　　　　　　　　　1部
2.　成績・卒業見込証明書　　　1部
3.　健康診断書　　　　　　　　1部

以上

宛名は企業名、部署名そして担当者が分かっている場合は「担当者名」を必ず入れましょう。担当者名が分からず組織に送付する場合は「御中」を入れます。
（例：人事部　人事課　御中）

頭語と結語の拝啓－敬具をつけます。

■団体の総称
　企業－貴社
　銀行－貴行
　信用金庫－貴庫
　幼稚園－貴園
　社会福祉法人－貴法人

（3）封筒の作成例

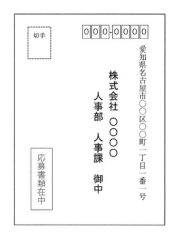

正確な金額の切手を貼ります。

住所は宛名より小さい字で、長いときは2行に分けます。住所は正式な住所を記入します。
1－1－1　→　1丁目1番1号

株式会社を㈱と略さないようにします。

個人宛に送付する場合は、名前や役職名は絶対に間違えないようにします。
個人宛に送付する場合は名前の下に「様」を、企業、団体に送付する場合は「御中」を記入します。
封筒の左の下に、赤字で応募書類在中と記入します。

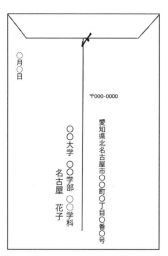

封筒の封をするところには「〆」又は「緘」「封」と記入します。
封をする際は糊を使いましょう。セロテープはNGです。

差出人の住所は封筒の中心（継ぎ目）の右から記入し始めます。

左の上には日付を記入しましょう。郵送の場合は投函日を持参の場合は訪問日を記入します。

2. 敬語

2-1 敬語の使い方

　就活中は、スムーズなコミュニケーションが重要となります。そして、そのためには正しい言葉遣いや敬語がポイントとなります。言葉遣いや敬語と聞くと難しく感じる方もいると思います。また、いざとなれば正しい言葉遣いはできると考えている方もいることでしょう。しかしながら、言葉は普段から使用していないと適切に使用することは難しいです。特に面接などの緊張する場面において、内容と言葉遣いの両方を意識して話すことの難しさは想像に難くないのです。

　一方で、正しい言葉遣いができれば、相手に好感を持ってもらえます。言葉遣いや敬語も基本を押さえれば、大きく心配する必要はありません。普段から使用する習慣をつけて、まずは慣れることを心掛けるようにします。

2-2 敬語の種類

　敬語は5種類に分けることができますが、就活では良く使用する3種類の敬語を押さえておきましょう。目上の方への敬意を直接表す「尊敬語」、自分をへりくだることで間接的に敬意を表す「謙譲語」、丁寧な気持ちを表現することで敬意を示す「丁寧語」です。

【よく使用する動詞の尊敬語と謙譲語の一覧】

普通の言い方	尊敬語	謙譲語
聞く	お聞きになる 聞かれる	うかがう 拝聴する
言う	おっしゃる	申す 申し上げる
する・やる	なさる・される	いたす
いる	いらっしゃる	おる
来る	いらっしゃる お越しになる おいでになる お見えになる	参る 伺う
話す	話される お話になる	申す 申し上げる
見る	ご覧になる	拝見する
行く	いらっしゃる 行かれる	参る 伺う
知る	ご存知	存じ上げる 存じる
会う	お会いになる 会われる	お目にかかる
もらう	もらわれる	いただく

2-3　丁寧語

　丁寧語は、丁寧な言葉遣いによって相手を敬う言葉です。名詞の頭に「お」や「ご」をつけて言葉そのものを丁寧なかたちにする場合（「お手紙」「ご連絡」）や、文末に「です」「ます」をつける表現が一般的です。その他、就活において注意が必要な表現は、次の表を参考にして下さい。

会社・施設・園	貴社（きしゃ） 貴施設（きしせつ） 貴園（きえん） 御社（おんしゃ）
わたし、僕	わたくし
はい、いいです	はい、結構です
〜といいます	〜と申します
どうもすみません	失礼いたしました 申し訳ありませんでした
やってくれませんか	お願いできませんでしょうか していただけませんでしょうか
悪いのですが	恐縮ですが お手数ですが
どうでしょうか	いかがでございましょうか
これでいいでしょうか	これでよろしいでしょうか
やってくれませんか	お願いできませんでしょうか
待ってくれませんか	お待ちいただけませんでしょうか
お父さん、お母さん お姉ちゃん、お爺ちゃん	父、母、姉、祖父
あとで	のちほど

〈参考文献〉

美土路雅子 『要点マスター！就活マナー』 マイナビ出版 2020年

村山涼一 『論理的に考える技術 新版』 ソフトバンククリエイティブ 2011年

第10講 採用と内定に関する法律の知識

1. 採用

1-1 採用と内定に関する法律を学ぶ意義

　大学生らの就職は、終身雇用制や年功序列に基づく日本的雇用制度の下で、長らく新卒一括採用という方法で行われてきました。しかしながら近年では、通年採用を取り入れている企業も見受けられ、その様相には徐々に変化が表れています。また、当時の安倍内閣が推進した「働き方改革」によって、多様で柔軟な働き方が求められるようになり、そこに新型コロナ禍の影響を受けて生活仕様に変化が起こり、これらの動きは加速しているようです。

　このようなことから、従来からの就活ルールの流れにも、今後は大きな変化が起こる可能性もありますが、一般的な流れは当分の間は不動だと思っています。したがって、学生生活のかなり早い段階から就活を開始し、何度かの面接などを乗り越えて、内々定を経て、採用内定を獲得していくプロセスには変わりはないということです。

　内定となると、企業から内定通知書を貰うこともあれば、内定式が行われることもあります。そして、年度初めの4月からは、晴れて働き始めるということになっています。現在進行形の新型コロナ禍の影響は、過去のリーマンショック時の法的トラブルの事例から予測してみると、企業においては経営悪化を理由に内定を取消すケースや、学生が良くない状況への不安から複数の内定を得てもぎりぎりまで内定を保留した上で、内定辞退というケースなどが、生じてくるのではないかと思っています。

　したがいまして、本講で取り上げる、内定、採用に関係する法制度を

知っておくというテーマは、このような激変、激動の世相の時だけではなく通常時も含めて、知らぬことで不利益を被ることがないように、自己防衛のためにも確りと学んでおく必要があります。

1-2 採用の自由と法的な規制

　採用に関しての司法の判断は、最高裁が「企業には、経済活動の一環として行う契約締結の自由があり、自己の営業のためにいかなる者をいかなる条件で雇うかについては、法律その他による特別の制限がない限り、原則として自由に決定することが出来、特定の思想、信条を有する者をその理由をもって雇い入れなくても、当然に違法とすることは出来ない。」と判示して、企業には採用の自由があるとしました。しかし、企業には**採用の自由**があるとはいえ、求職者や応募者にとって、公正な選考が行われるように、法律による一定の制限があります。

　職業安定法は、求人の募集をするにあたり、公共職業安定所（ハローワーク）等への求人申込み、企業のホームページでの募集、求人広告の掲載等を行う際、労働条件の明示をすることを必要としています。同法で定められている最低限の明示しなければならない事項は、①業務内容　②契約期間　③試用期間　④就業場所　⑤就業時間　⑥休憩時間　⑦休日　⑧時間外労働　⑨賃金　⑩社会保険、労働保険加入の有無などとなっています。また、雇用入れの際には、労働基準法により労働条件の一定の項目についての明示義務もあります。

　他にも、**採用選考に関する法律の定め**には、男女雇用機会均等法に基づく性別による差別や労働施策総合推進法に基づく年齢制限、障害者雇用促進法による一定比率以上の障害者の雇用義務などの採用選考の際の法的な規制が色々あります。

　性別を理由とする差別は、男女雇用機会均等法5条において、「募集及び採用について、その性別にかかわりなく均等に機会を与えなければ

ならない」として、募集・採用時の性別による差別の禁止を定めており、エントリーシートや採用試験、面接に際して男女により異なる取扱いをすることを禁じています。また、年齢については一部法令等による場合を除き、労働施策総合推進法9条により「募集及び採用については年齢に関わりなく均等に機会を与えなければならない」として、募集及び採用における年齢に関わりのない均等な機会の確保を求めています。

　職業安定法5条の4は、求職者らの個人情報の取扱いについて定めており、応募者の人格権やプライバシーなどを侵害しないように求めています。人格権やプライバシーなどの侵害については、大きく分けてふたつの事項があります。1つ目は家族に関することなど「本人に責任がない事項」であり、2つ目は宗教や支持政党などの「本来自由であるべきこと」が該当することになり、これらについて尋ねることは禁止されています。面接に際して企業の担当者から応募者に対し、人格権やプライバシーの侵害があった場合は、その程度によりますが不法行為としての違法性が認められることがあります。

2. 内定

2-1　採用内定とは

　就活は、学生の皆さん（以下、本講では「求職者」という。）が、企業による求人募集に対して応募し、幾つかの筆記試験や面接などのプロセスを経て、企業は採用者を決定するというプロセスを辿っていきます。この時点では、求職者が企業に勤める意思があるかは不明の状態であるので、企業によっては**内々定**（内定を出す約束）とする企業もあります。

　今までは、経団連による「採用選考に関する指針」で正式な内定日は、「卒業・修了年度の10月1日以降とする」とされていたため多くの企業は10月以降に内定式を実施していました。この内定式において、企

業は内定している求職者に**内定通知書**を書面で交付し、求職者には企業に「入社承諾書」を提出してもらいます。この時点で相互に意思確認が行われたことにより労働契約が成立した状態となったと考えられています[4]。

労働契約法 6 条によると「労働契約は労働者が使用者に使用されて労働し、使用者がこれに対して賃金を支払うことについて、労働者及び使用者が合意することによって成立する」と定められています。しかし、この時点では就労義務が生じる訳でもなく、当然賃金の発生もありません。

2-2　内々定では労働契約は成立しない

採用に係る内々定は、内定以前の段階のものです。企業によっては、応募者である学生の皆さんに対して「内々定」を出し採用の意向を示すことがあります。「このような内々定関係は、多くの場合に企業と応募者双方ともそれにより労働契約の確定的拘束関係に入ったとの意識には至っていないと考えられる」[5]とされています。即ち、この時点では企業、応募者、双方とも労働契約を必ず締結するという意識まではなく、この段階では、労働契約はまだ成立とまでは言えないと考えられています。したがって、内々定後も学生の皆さんの就活が制限されることはありません。逆に企業が、採用に係る内々定を取消したとしても労働契約の解除には当たらないということです。

内々定が、「労働契約の成立にあたるかどうか」が争われた裁判でも、労働契約の成立が否定された事件[6]があります。もっとも、このケースでは内々定の取消しについて、採用内定が確実であるとの期待感に対し合理的な理由もなしに内定をしなかったとして、応募者の期待を裏切ったことについての損害賠償請求は認められています。

2-3 内定により労働契約が成立

　最高裁においても、「企業からの募集（申込みの誘引）に対し、労働者が応募したのは労働契約の申込みであり、これに対する企業からの採用内定通知は、その申込みに対する承諾であって、これにより両者間に解約権を留保した労働契約が成立した」[7]と判示しています。つまり「採用内定」とは、法的には**始期付解約権留保付労働契約**の成立と考えられています。入社日を大学卒業直後という「始期付き」、かつ内定の取消事由が生じた場合には解約できる「解約権が留保された」労働契約であるということです。取消事由がない企業による内定取消は「解雇」と同じ扱いになり厳しい制限があります。

2-4 企業からの内定取消

　内定取消については、最高裁は「解約権留保の趣旨、目的に照らして客観的に合理的と認められ社会通念上相当として是認することができるものに限って有効とされる。」[8]と判示しています。また、中途採用者の採用内定取消[9]についても解約権留保権行使の適法性については、新卒者と同じように判断されています。

　企業による「留保された解約権の行使」、内定取消が認められる場合とは、どのようなケースなのでしょうか。通常は内定の際に、内定通知書や誓約書に「内定取消事由」として記載されています。よく見られるものには次のようなものがあります。

　　①内定者が単位取得不足などで学校を卒業できなかった場合
　　②内定者が病気やケガなどの健康上の理由により働けない状態になった場合
　　③内定者に犯罪行為があった場合
　　④企業の業績悪化など経営上やむを得ない場合
　記載された内定取消事由以外にも内定が取り消されることがあります。

それは企業が内定時には知りえなかったようなことが出てきた場合です。その内容、程度により判断されることになりますが、取消しは法的には、かなり高いハードルといえます。過去の裁判で示された基準では「採用内定当時知ることができず、また知ることが期待できないような事実であり、これを理由として採用内定を取り消すことが客観的に合理的と認められ社会通念上相当として是認することができるものに限られる」とされています。

　これらのように内定したら必ず採用される訳ではなく、一定の条件下では取消しになる可能性もあるということです。但し内定取消しになった場合でもその事由により、債務不履行、不法行為に基づく損害賠償請求、社員としての地位確認、賃金請求が認められていることもあります。

2–5　応募者からの内定辞退

　学生の皆さんが、内定の後にその内定を辞退（自らによる内定の取り消し）した場合には、皆さんにも法的拘束力が生じます。とはいうものの、民法627条では労働契約は労働者側から2週間前に申し出れば解約できると規定されているので、実質的には学生の皆さんへの強い拘束力はなく、内定を複数持つことも法律上の問題はありません。万が一内定後に辞退することになった場合は、企業への影響を理解した上で、社会人として誠実に対応することが大切です。信義則違反や不法行為が成立するような特段な事情がない限り法的な責任は問われないと考えてよいと思われます。

2–6　内定期間中の研修への参加を求める

　企業が採用内定者に対して、就業日以前に研修へ参加するように求めた際に、学生の皆さんが学業を理由に研修免除を申し出た場合には、研修を免除すべきであるとされています。「研修の免除を申しでた学生の

皆さんに内定取消等の不利益取扱いをすることはできない」とする判例[11]もあります。学生の皆さんの本分が学業であることへの配慮が企業側にも求められているのです。

3. 試用期間

　試用期間とは、入社後、一定期間をその社員の職務能力や適格性を判断するための期間、ミスマッチがないかを判断する期間のことです。試用期間内に採用するかどうかを決め、この期間を経た後に本採用を確定するという企業が多いようです。法的には、この試用期間は、解約権留保付労働契約[12]と最高裁で判断されています。通常の解雇より広い範囲で解雇が認められるとされています。

　試用期間中の労働者は他社への就職の機会を放棄していることから、本採用拒否には一定の制約が課されます。本採用拒否が許されるのは、採用決定後における調査の結果や試用期間中の勤務状態等により、当初知ることができず、また知ることが期待できないような事実を知った場合で、そのような事実に基づき本採用を拒否することが、解約権留保の趣旨や目的に照らして、客観的に相当であると認められる場合に限られています。これは、企業が試用期間中に労働者を不適格と判断した場合には、本採用を拒否することがあり得るということです（解雇するということ）。中途採用者については、特定の能力を評価されて入社した者であり、試用期間中はその能力の判断期間であることから「解約権留保付」と考えられます。

　試用期間中の解雇手続きに関しては、労働基準法20条により、最初の14日間は即日解雇ができますが、14日を超えてからは、少なくとも30日前の予告、もしくは解雇予告手当の支払いが必要となります。また、実務としては、試用期間から社会保険（厚生年金保険及び健康保険）、

雇用保険加入の手続きが行われます。年次有給休暇の発生条件をみる場合についても試用期間を含めることとなっています。このように、試用期間中は労働契約を広い意味で解除できる点を除けば、入社直後から一般社員と同じ権利義務が発生しているといえます。

〈注〉

1 三菱樹脂事件：最大判昭和 48 年 12 月 12 日民集 27 巻 11 号 1536 頁

2 職業安定法 5 条の 3（労働条件の明示）、及び 42 条（募集内容の的確な表示等）

3 労働基準法 15 条（労働条件の明示）

4 採用内定から入社に至る期間については法令上の特別な規制はない。

5 菅野和夫 『労働法（第 12 版）』 弘文堂 2019 年 233 頁から 234 頁引用

6 内々定が取消された事件である。コーセーアールイー事件：福岡高判平成 23 年 2 月 16 日判時 2121 号 137 頁

7 菅野和夫 『労働法（第 12 版）』 弘文堂 2019 年 232 頁から 233 頁引用。大日本印刷事件：最二小判 昭和 54 年 7 月 20 日民集 33 巻 5 号 582 頁、電電公社近鉄電通局事件：最二小判 昭和 55 年 5 月 30 日民集 34 巻 3 号 464 頁

8 「採用内定をした学生に対し、卒業間際の 2 月に内定を取消した事件。面接当初からグルーミー（陰気）な印象があったが、採用内定者としたが、その後の調査でも当初の印象を覆すに足りる事実がなかったということで採用内定が取り消された」という事件。内定取消は無効とされている。大日本印刷事件：最二判昭和 54 年 7 月 20 日民集 33 巻 5 号 582 頁。「採用内定後、公安条例等違反の現行犯として逮捕され、その後違反行為が判明したとして採用内定が取消された事件。内定取消は有効とされた。」電電公社近鉄電通局事件：最二判昭和 55 年 5 月 3 日民集 34 巻 3 号 464 頁。

9 「中途採用における内定取消について、合理的理由がないとした事件」オプトエレクトロニクス事件：東京地判平成 16 年 6 月 23 日労判 877 号 13 頁。

10 簡単にひと言でいうと、債務不履行は「特定の人と契約している特定事項についてその義務を果たさないこと」であり、不法行為は「自己の権利や利益が契約関係にない他人によって侵害されること」であると、本講を読む上では理解しておけばよい。

11 宣伝会議事件：東京地判平成 17 年 1 月 28 日労判 890 号 5 頁

12 三菱樹脂事件：最大判昭和 48 年 12 月 12 日民集 27 巻 11 号 1536 頁

〈参考文献〉

菅野和夫 『労働法（第 12 版）』 弘文堂 2019 年

大内伸哉 『労働の正義を考えよう』 有斐閣 2012 年

安藤至大 『これだけは知っておきたい働き方の教科書』 ちくま新書 2015 年

中川直毅編 『要説 キャリアとワークルール』 三恵社 2019 年

浅倉むつ子・嶋田陽一・盛誠吾 『労働法（第 6 版）』 有斐閣 2020 年

第**11**講 働く前に知っておきたい年金の知識

1. 年金とは

1−1 年金の基礎知識

（1）年金の知識の必要性

　就職や転職時、特に新卒で就職する人は、多くの場合年金のことなど深く考えないでしょう。なぜそんな知識が要るのか、そう思われてもおかしくはありません。就職時には年金を受取る年齢は遠い先のことのように見えてしまうからです。

　しかし年金は就職にあたって考えるべき重要な事項のひとつです。長い人生を見据えたとき、どういう仕事に就くのかでその人の加入する公的年金制度が決まり、それによりその人の将来の年金額、つまり老後生活の状況が変わってくるのです。

　私たちは20歳になると国民年金に加入します。大学生の場合は収入がないため**学生納付特例**という形で実際には保険料を支払っていない人も多いでしょうが、もし働いていたならば避けて通れない負担です。就職したら、会社勤め、公務員、私学教職員、個人事業主、其々の立場に応じた年金制度に加入することになります。

　病気やケガ、突然の死亡も長い人生の中ではいつかあるかもしれないと考えておかないといけません。そのような場合に自分の生活や家族の生活を守るために、実際にその加入した制度から年金給付がどのくらい受け取れどういう生活ができるのかをある程度知識として知っておかないと途方に暮れることになります。正しい準備はきちんとした知識を前提にして初めてできるもの、きちんとした知識は自分自身そして自分の

家族を救います。

（2）年金は強制加入

　多くの人にとって、老後の生活の主たる収入源となります。老後の給与と捉えてもよいでしょう。しかし年金は給与と違って昇進や転職等で大きく変わるようなことはありません。いったん決まったものは、基本的に物価変動等の影響を受ける以外は一生変わらず続きます。現役で働き保険料を納めている期間が年金にとってどれだけ大切か分かるかと思います。

　年金が無くても、老後のため貯蓄をしておけばよいだろうと感じる人もいます。特に年金保険料を強制的に徴収されることに反発を感じる人がそういう主張をしますが、実際には貯蓄を本人の自由に任せておくと不十分な貯蓄しかしないで老後を迎えるケースが多く、本人が老後に大変な思いをする上に、最悪の場合には生活保護等の制度を利用せざるを得なくなります。

　卒業後海外で働くことを考えていらっしゃるかもしれませんが、先進国といわれる国では、強制加入の公的年金制度を備えているところが大半、また年金制度がないということで世界的に有名な国シンガポールでも収入の何割かを一定の年齢まで原則お金を引き出すことができない積立貯蓄を強制させることで、実質的に年金制度に近いような老後準備を政府が実施（中央積立基金—CPF）している等、基本的に老後の年金制度やそれに準じる制度がない国は先進国といわれる国ではまずないと思ってよいでしょう。老後生活に必要なお金が不足する人が多数発生するのは大変な社会問題だからです。

　公的年金は、**強制加入**ですが、その分種々の**優遇措置**があります。支払った保険料については「全額が税金計算時に控除対象となります。受取時も公的年金控除という65歳以降110万円の控除枠があります。しかも基礎年金の保険料の半分は国庫が負担することになっています。

1-2　年金の種類

　年金制度は、1階部分、2階部分、3階部分に区分けする説明がよく
されています。1階部分は、20歳から60歳まで国内在住の人が全員加
入する**基礎年金（国民年金）**、2階部分は会社勤めの人、公務員、私学
教職員の加入する**厚生年金（厚生年金保険）**があると説明されます。そ
れ以外の**企業年金**などは3階部分、また2階部分の無い個人事業主等の
国民年金基金や確定拠出年金個人型（通常iDeCo）は2階と3階との両
方にかかる、全くの任意で加入する民間の個人年金も3階部分に該当す
ると考えられます、但し個人年金はこの分類に入れず別途に説明する場
合もあります。

　この1階、2階、3階のどこの部分の年金を将来貰えることになるか、
就職先により決まってしまうことになり、就職時にこのことを考えてお
くことが大切になります。

【年金制度の仕組み】

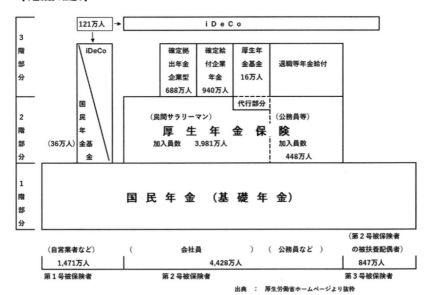

出典 ： 厚生労働省ホームページより抜粋

年金は主体（誰が年金を管理運営するか）での分け方もします、前述の1階部分と2階部分が**公的年金**、それ以外の上乗せ保障となる部分が**私的年金**に分けられ、そのうち私的年金は企業が社員の福利厚生のために実施する企業年金と民間の保険会社が運営し個人が全く任意に加入する個人年金（私的年金）に分けられます。主体が民間である保険会社の運営する個人年金にしても、全くの公的優遇がない訳ではなく、税制上生命保険料控除の枠があったりしますから、あらゆる年金制度で準備をすることで自分たちの豊かな老後を送る準備を進めることになります。

　年金を保障の目的で分類する視点もあります。①老後の生活の費用のための**老齢年金**、②病気やケガで働けなくなった時の生活のための**障害年金**、③死亡した時の遺族

年金の目的別分類

公的年金の目的
　退職後老後生活のため　⇒老齢基礎年金、老齢厚生年金
　病気ケガしたときのため　⇒障害基礎年金、障害厚生年金
　死亡した時のため　⇒遺族基礎年金、遺族厚生年金

の生活のための**遺族年金**の3つに分けられます。これら3つを全てカバーしている年金は公的年金しかありません。それ以外の年金は、遺族補償等があるものもありますが主として老後生活の資金準備に重点を置いた年金と捉えても良いでしょう。

　公的年金は全ての国民が強制加入となる点から、保険料を極端に高く設定することはなく、また失業や病気で働けない等の理由により保険料を払えない人には**免除等の救済措置**を取り入れています。それを受け老後に受け取る年金額は実際に働いている人の給与水準を基準に何割くらいにするかという基準で決められ極端に高くはなりません。年金額が不足と感じる場合は、別途個人年金や預貯金等の積立等の自助努力をすることになります。

（1）高齢化と年金の重要性

　令和元年時点で、寿命中位数（特定の年齢の生存数が半分に減少する年齢、平均寿命より現状を理解するためには適している）は男性が**84歳**、

女性は**90歳**ですから、**65歳**で現役を退くのであれば、引退後凡そ19年から25年ほど年金を受取ります。

　最近は概ね5年に1歳ずつ平均余命は延びていっていることから寿命中位数もそれに応じて延び、今現役世代の方は、自分たちが高齢者になる頃には相当平均寿命が延びることが予想されますので、仮に70歳から公的年金を受給したとしてもやはり今と同じように多くの人は少なくても20年〜25年は年金を受取ることにより暮らすことになります。

　もちろん人により寿命は違いますが大抵の人が想像しているよりも長い期間年金を受取り生活することになり、長生きして90歳、95歳ということになるとそれ以上30年以上年金を受け取ることになります。長生きした時の保障が続く点は終身年金である公的年金の大きな利点です。

【現役世代はどのくらい将来生きるか予測】

厚生労働省推計による長生き見込み（その年齢まで生きる割合）予測	男性			女性		
	80歳	90歳	100歳	80歳	90歳	100歳
2025年に65歳（昭和35年生）の人	75%	38%	5%	89%	64%	17%
2035年に65歳（昭和45年生）の人	77%	41%	6%	90%	67%	19%
2045年に65歳（昭和55年生）の人	78%	43%	6%	91%	69%	20%
2055年に65歳（平成2年生）の人	79%	44%	6%	91%	69%	20%

出典：厚生労働省年金部会資料を元に編集

　老後に必要な生活費は夫婦で26万円強[1]といわれています。

　ものすごく粗い計算ですが、老後生活費年間300万円（25万円×12カ月）必要とすると

　　　20年間夫婦で老後の生活する時　⇒　必要額が6,000万円

　　　30年間夫婦で老後の生活する時　⇒　必要額が9,000万円

となります。

もし公的年金制度がなく、この額を全部貯蓄しないといけないとすると、

　　6,000万円を50年で貯めるとすると年120万円、1カ月10万円

　　9,000万円を50年で貯めるとすると年180万円、1カ月15万円

の積立をしなければなりません。そして無事6,000万円を積み立てたとしても、老後25万円ずつ取り崩して使っていくと20年後には枯渇しますから、もしそれ以上長生きしてしまうと老後生活が行き詰まり極端な出費の抑制をしないといけなくなります。これが終身年金ではなく預貯金で老後生活を準備する場合の最大の欠点です。

　積立額の大きさと老後の積立額の枯渇リスク、そのふたつを考えると貯金を積み立てる自助努力で老後を迎えるのはとてもリスクが高いと考えざるを得ません。もし子育て等に必要だから余裕がないと全く貯蓄をせず、人生後半から老後準備するというような状況ならば、その倍の積立てが必要になりますから、高額所得者を除いて一般の家庭では非現実的な貯蓄積立額となりかねません。

2. 会社勤めの年金

2-1　厚生年金と国民年金

　会社に就職すると自動的に厚生年金に加入することになります。同時に国民年金にも加入した扱いになります（国民年金の**第2号被保険者**となる）。

　大学卒業年齢が一般的に23歳前、それから会社で65歳まで働くとすると約42年、政府や厚生労働省は今後70歳まで勤める社会、少子高齢化の進展を見据えもっと長く働く世の中にしていく方向性を打ち出していますから、70歳まで働くと仮定すると47年強は会社で働き厚生年金に加入する、長い、長いお付き合いになります。

厚生年金の受取額平均 （厚生年金＋国民年金）	14 万 6,000 円	会社勤めの人
国民年金の受取額平均 （国民年金のみ）	5 万 1,000 円	個人事業主の人

出典：厚生年金保険・国民年金事業の概況（平成 30 年度）

厚生年金と同時に国民年金に加入しているというのは非常に有利で上の図のように、老後年金受取時には両方から老齢の年金（老齢基礎年金と老齢厚生年金）が受け取れて手厚くなりますし、働いている途中で病気やケガ、死亡した場合に受取る障害年金や遺族年金も、厚生年金と基礎年金（国民年金は受取る場合は基礎年金という）が両方支給、つまり殆どの場合において国民年金だけである個人事業主等に比べて手厚い保障となります。

2-2　保険料

国民年金は国がその保険料を半分国庫負担するということは前で述べましたが、厚生年金保険料も保険料は労使折半つまり、会社と社員（役員など経営者も社員と同じ扱いで加入するためそこで働いている人は全て加入）が**半分ずつ出し合う**という形になっています。

厚生年金は現在保険料率が標準報酬の 18.3％に固定されています。

その半分ですから各々 9.15％ずつ会社と社員が負担します。例えば給与が月額 36 万円（企業の全平均賃金）だった場合、65,880 円（18.3％）を、会社と社員が各々 32,940 円ずつ負担ということになり、この額が給与や賞与から**控除**されます。

保険料額の折半負担はとても重要です。このおかげで民間の個人年金や預貯金に比して有利に老後の生活資金である年金を確保できるのです。

そして税金面（保険料全部が**社会保険料控除**の対象となる）でメリットもあります。実際には支払った保険料全額が所得控除の対象であり、

税金が安くなる点を考えると実は社員は保険料額全額を負担している訳ではありません。どの程度税金が安くなるかは所得額により税率が違ってくるので人其々ですが、実際の負担額は安くなった税金分が額面額より安いのは確かです。

2–3　第3号被保険者

　会社で勤める人について配偶者が専業主婦（主夫）となっている場合の第3号被保険者の制度の理解も重要です。専業主婦（主夫）については収入がないか非常に少なく（年収が130万円を下回る）配偶者の扶養となっている者は配偶者が厚生年金保険料を支払えば国民年金の保険料を納付した扱いになり老後に国民年金（老齢基礎年金）を受取れます。国民年金保険料を個人負担する必要がありません。

　ただこの制度には、片働き世帯の働き手の収入がかなり高くて年金が高い或いは預貯金などの老後の蓄えが十分であるような世帯以外は一般に老後を迎えた際年金が少なめで生活が大変になるリスクがあります。

　第3号被保険者の制度は夫婦での保険料負担額とその額に応じて受け取る年金額の比率という効率面ではとても有利な制度で好まれて利用されていますが、残念ながら専業主婦（夫）が受取るのは国民年金（老齢基礎年金）だけですから、夫婦の年金額合計の**額自体が不足**するという悩ましい問題への対処をしておく必要が出てくるのです。

　以前に比べて共働き世帯が増えているのは、もちろん女性の社会進出という社会的側面が一番大きいですが、日本の給与水準自体が伸び悩んでいることにより家庭生活の収入が片働きだけでは苦しくなっているという点、少々効率が悪くても老後における世帯の年金の額が共働きのほうが恵まれている点が強く考慮されている点は否めません。

　また国はパート・アルバイトの加入要件をどんどんと下げており（令和6年（2024年）からは、**週20時間以上勤務且つ社員数50人超**の会

社であれば、強制的に厚生年金に加入するという仕組みに変わります。）従来からのフルタイム社員に加えパート社員等も加入するとなると、夫婦ともに厚生年金に加入する共働き家庭が今後は増えていくことが予想されます。

2-4　年金額と預貯金積み立てとの比較

　年金額についてお話しします。仮に月給 36 万円[3]の状況が 47 年続くとなると、厚生年金の額は約 102 万円（月額 8.5 万円の年金になります）[4]。給与は人其々ですからこれより高い人も低い人もいるでしょうが、平均賃金モデルケースを使うとこのような額になります。受取年金額は厚生年金期間と国民年金に同時に加入した額になりますので、国民年金の満額の年金が 78 万円程、合計で 180 万円程度（月額 15 万円の年金）になります。もし扶養の配偶者、妻（夫）がいるとすると、この人の老齢基礎年金満額が月額 6.5 万円ですから、21.5 万円。25 万円の必要生活費設定での不足額は 3.5 万円で、それが 30 年分必要だと考えるならば、不足額については月 2.6 万円を積み立てていけばよいということになります。

　前に触れたように、月給 36 万円の人が 10 万円とか 15 万円とかを積み立てるというのは大変ですが、保険料 3.3 万円を給与から控除された上で積立 2.6 万円を老後のために準備するのはどうでしょうか。公的年金がどれだけ有利かということが理解できます。

　更に単身者や共働き世帯であれば、よほど給与が低く老後の年金額が低廉でない限り年金だけで老後生活の基本的な支出は賄えます。

2-5　企業年金制度

　民間企業に就職する場合は**企業年金制度**を導入している場合があります。この制度の内容は会社により様々ですが、今主力となっている制度は企業型の確定拠出年金と確定給付企業年金です。一般的には退職金の

上積み制度と考えられ、これを公的年金に加えることにより老後の生活資金が上積みされ老後に年金額の不足があった場合に補うことになります。また年金が十分な人の場合は老後の余裕資金ともなります。しかも会社がその保険料を原則負担します（別途本人が負担を上積みする仕組みも可能）。

　企業年金制度を導入している会社に勤めている場合、若い頃には気にならないのですが、長い人生を考えると老後生活費用の準備には非常に良い制度と受け止めることができます。

　但し企業年金は、自ら加入（個人型確定拠出年金は除く）できるものではありませんから、就職時の採用条件を確認し企業年金制度の導入の有無やその内容をある程度調査し、**就職先選択の情報**として検討することが必要です。手厚い企業年金制度を導入している会社は社員の福利厚生を確り考えている会社であるとも言えるのです。

3. 公務員と私学教職員の年金

（1）公務員や私学教職員の年金
　公務員や私立学校の教職員の年金は、戦前の恩給制度からの流れを汲んでおり従前から非常に手厚いといわれていました。それが動機で公務員を志望したという人も結構いらっしゃいます。

　年金が有利な点は色々とありましたが、特に有利だったのは「勤続20年以上の場合には民間の厚生年金の2割増し（20年未満の者は1割増し）」という年金額の上積み（**職域加算**又は**職域部分**と言う）がついていた点です。

　生涯給与及び賞与が全く同じ民間の会社員の者の老齢厚生年金額が計算上月額10万円だった場合、一元化前の退職共済年金は（老齢と退職は年金上同じ意味です）プラス2万円が上積みされたのです。

しかし、平成 27 年 10 月に、公務員及び私学教職員の加入していた共済組合の年金（共済年金と称していた、以下（旧）共済年金）は厚生年金に一元化されその仕組みはなくなりました。現在は（旧）共済年金は名称だけでなく制度的にも民間の厚生年金と統一されており、（旧）共済年金は、**共済組合の実施する厚生年金**という言い方をされます。

　とはいえ年金は今まで有利だった点が突然全く無くなった訳ではありません。従前の保証の意味で一元化前の仕組みを一部そのまま残すという経過措置を設けています。平成 27 年 10 月までに公務員や私学教職員として勤務し共済年金に加入していた期間がある人はその期間についてはこの優遇（1 割増し、又は 2 割増し）を受けることができます。

　またこの有利な職域部分の廃止についてその代替の制度も用意されました。「**年金払い退職給付**」と言われる積立型の年金で、民間の企業年金に相当する年金制度と考えられています。積立型の年金ですから将来の年金額は将来受取る段階になってみないと分からないのですが、この仕組みが導入されたために一元化前よりも年金額の減少額の相当額を補うことができます。

（2）一元化後も有利な点

　従前の仕組みの経過措置と新しい年金払い退職給付という仕組み、2 つの利点から年金一元化後もやはり会社勤めの人よりも制度的には手厚く、公務員や私学教職員として就職すると、**企業年金のある大企業と匹敵するような年金制度**が準備されていると捉えても良いでしょう。また民間企業では、企業年金がある会社とない会社があり就職先選びの時には混乱をしたりしますが、公務員及び私学教職員については制度が一律で、例外なく加入しますので就職先での差がなく手厚い給付を受けることが期待されます。

　また公務員の給与体系が景気に左右されにくいという点も直接年金の話ではないですが大きいです。民間の大企業に勤めていたが、50 代の

頃に会社が急に傾いて倒産してしまったというような場合は、先ず給付等の収入減が直撃しますがそれは納付保険料減少＝年金減という形で老後の厚生年金に影響を与えます。そしてそれはあり得ない話ではありません。確かに以前よりも公務員や私学教職員の年金制度上の有利さは減りましたが、将来をある程度見据えることができる仕事で共済年金に加入すると安定的に将来の年金額を推測できますから、年金的にはメリットの多い職業となります。

4. 個人事業主の年金

4-1　個人事業主の年金

　現在の年金制度上一番大変で問題の多いのが個人事業主の年金です。個人事業主は今まで説明をしてきた会社員や公務員、私学教職員などと違って**国民年金のみ**に加入します。国民年金は収入に関係なく保険料は一律で受取る年金額も40年満額納付で約78万円おおよそ月額6.5万円です。老後に単身者で6.5万円、夫婦2人世帯では合計月額13万円の年金ですから、老後生活には不足で不安に思う人が多いでしょう。

　当然これだけでは不足するのであれば、何らかの事前の準備が必要です。国民年金の保険料の未納滞納をしないことはまず前提として、それ以外にも次のようなことなどの準備が重要になってきます。

　　①定年がないので働けるぎりぎりまで働いて収入を得続ける。

　　②預貯金で取り崩す必要は会社勤めや公務員よりはるかに高く、

　　　十分な保険や個人年金、預貯金の準備をしておく。

　①については大抵の人が希望しているでしょう。特に死ぬまで働きたいと希望する人が多いですが、これだけ世の中の高齢化が進展している中、実際には働ける場所と働ける体力があるという幸運が重ならない限り難しく、ある程度の年齢から死ぬまで年金以外の収入のない老後生

活の期間となることは覚悟しておかないといけません。死亡の前の10年程度は働けないという老後の準備をしたほうが良いのですが、どうしても現役世代ではその視点が薄く、結局きちんと準備をしないまま老後を迎え蓄えてしまうことが多いのです。

　また、収入額が不安定なのが個人事業主の特徴で、②のようなことも大切になってきます。収入が少ない場合の年金保険料が未納滞納になったり、収入が多いときに預貯金にお金を回さず使ってしまったりで老後準備不足となっていることも散見されるからです。もっとも、収入が少ない場合は保険料免除を申請するという選択肢もありますが、免除の期間は受取時の年金が半分（全額免除の場合）、つまり2年納付免除を受けると1年分国民年金の保険料を納付したのと同じ額の年金しかなりません。未納滞納をするより遥かに良いですが、免除期間が長いと更に国民年金額が低額になってしまいます。

　個人事業主等は会社勤めや公務員等の方と違って、収入の増減が大きく長期的な視点を持ちにくいという点はある程度は仕方がないのですが、それでも大まかな長期的方針は決めておかないといけません。

4-2　自助メニューのある個人事業主

　国や厚生労働省もその点は十分認識していて、数々の年金の増加措置を講じています。

　個人型確定拠出年金（iDeCo） の掛金の上限額は他の会社員や公務員よりも高く（年間 81.6 万円、民間の会社は年間 27.6 万円、公務員・私学教職員は年間 14.4 万円）

　また国民年金基金という積立型の終身年金を iDeCo と選択（年間 81.6万円の加入上限は iDeCo と合わせての数字）できることで、CM を流す等加入促進を図っていますが加入率はなかなか向上せず芳しくありません。どちらも掛金（保険料）が全額税金計算時に所得控除の対象となる

という税制面で優れた制度で盛んに加入を宣伝されていますが、やはり任意加入ということがネックになっているようです。[5]

4-3　個人事業主の高齢配偶者の問題

　もう一つ、個人事業主の配偶者の死亡の問題も大きくあります。高齢者家庭で、会社勤め或いは、公務員等であった方の配偶者は、その人が死亡した場合に遺族厚生年金が支給されます。基本は老齢厚生年金額の4分の3、例えば老後の厚生年金額が10万円あった場合に7.5万円が遺族厚生年金として支給されます。それに65歳以上の方は自分自身の老齢基礎年金（満額6.5万円）が配偶者死亡後でも変わらず受取れます。

　ところが、個人事業主ではその遺族厚生年金がありません。老後は夫婦で老齢基礎年金だけで、配偶者の一方が死亡した場合は世帯で見ると13万円が6.5万円に収入が下がってしまいます。

　ここは確り考えて準備しておかないと配偶者が死亡後生活に困り、既に独立した子世帯が見かねて援助をするようなことにもなりかねません。子供世帯に十分な資力があればよいですが、十分でない場合は本当に大変になります。

【個人事業主の死亡の場合の配偶者の年金比較】

●会社勤め、公務員私学教職員　と　個人事業主の比較例

夫が会社員、公務員または私学教職員　VS　個人事業主
妻は主婦、夫婦ともに65歳以上　夫死亡の例

○夫　会社員、公務員、私学教職員

| 夫　老齢厚生年金　10万円 |
| 夫　老齢基礎年金　6.5万円 |
| 妻　老齢基礎年金　6.5万円 |

死亡 →

| 妻　遺族厚生年金　7.5万円 |
| 妻　老齢基礎年金　6.5万円 |

○夫　個人事業主（自営業）

| 夫　老齢基礎年金　6.5万円 |
| 妻　老齢基礎年金　6.5万円 |

死亡 →

| 妻　老齢基礎年金　6.5万円 |

　また現役世代の障害・死亡についても、遺族厚生年金や障害厚生年金のある会社勤め、公務員、私学教職員の人に比べて遺族基礎年金、障害基礎年金だけなので、保険等何らかの準備が必要になります。

しかし本人の自由裁量に任されているために加入に必要な高いモチベーションがどうしても不足気味で、実際に病気ケガ死亡の場合にお金が不足してしまうこともあります。きちんと老後を考えて若い頃から行動しなければいけないという点が、就職すると自動的に厚生年金制度に加入する会社勤め、公務員、私学教職員にくらべてはるかに重要になります。病気やケガ、死亡といったアクシデントのため、別途個人の年金保険や医療保険などの検討をする必要性も高くなります。

　個人事業主は、国民年金保険料だけの負担だけで済みますから、保険料額が低廉なのですが残念ながら、それだけで済ませていると老後を迎えた時代に**年金額不足**で苦しむということになりかねません。繰り返しになりますが、会社勤めの人や公務員等に比べて情報収集を確りし十分な準備をするという自助努力が極めて重要です。

〈注〉

1　平成 30 年家計調査報告書によると、高齢者世帯（夫婦）が老後必要な生活費は月額 26.3 万円、単身者 16.1 万円。

2　給与所得者の年間平均給与 441 万円（月額換算で 36.75 万円）平成 30 年分民間給与実態統計調査

3　給与所得者の年間平均給与 441 万円（月額換算で 36.75 万円）平成 30 年分民間給与実態統計調査

4　360,000 円 × 0.92 × 5.481/1000 × 47 年 × 12 カ月 ＝ 102.38 万円　（再評価率を 0.92、給与所得者の平均年金額を就職から退職まで全期間受取ると仮定して計算。

5　国民年金の第 1 号被保険者数約 1,470 万人、基金の加入者は令和元年度末 34.8 万人、iDeCo 加入者 19 万人（令和 2 年 8 月）　国民年金基金連合会ウェブサイトより。

〈参考文献〉

堀勝洋　『年金保険法（第 4 版）』法律文化社　2017 年

長沼昭　『共済年金の支給する年金がよくわかる本』年友企画　2019 年

権丈善一　『ちょっと気になる社会保障』勁草書房　2018 年

桶谷浩・原智徳　『年金のことならこの一冊』自由国民社　2018 年

第**12**講 働く前に知っておきたい税金の知識

1. 税金とは

1–1　税金の役割

　税金と聞くとどのようなイメージを描くでしょうか。「どうして税金を納めなければならないのか。」「この税金は一体何に使われているのか。」と思ったことがある人が大半ではないでしょうか。納税の義務については、**日本国憲法**において**国民の三大義務**のひとつとされており、日本で暮らす以上、納税をすることは当たり前であるとされています。それでは何故、このような気持ちになるのでしょうか。それは、私たちが納める税金がどのようなものに使われているかが、私たちに説明がされていない、或いは税金を学ぶ機会が多くないからかも知れません。[1]

　税金の使われ方として代表的なものが、**公共サービス**です。学校や病院、警察や消防署、道路、公園、ゴミ処理などがその代表例となります。日常生活で当たり前だと感じているようなものにも膨大な資金が必要であり、これらが税金でまかなわれています。公立小学校を1つ作るのに約13億円の税金が必要だといわれています。また、急病になり救急車に乗る必要があるときや、火災になり消防車を呼んだときにも、これらのサービスを無料で受けられます。

　税金の使い道を考える場合に、税金が無い世界を想像すると分かり易いと思います。税金の無い世界であれば、消防車や救急車は有料になります。万一、火災が起き消防車を呼んだ場合は、莫大な金額を支払う必要があります。また、子供が小学生の場合には6年間で約534万円（国税庁調べ）もの金額を支払わなければ教育を受けることができません。

更に、道路は管理が行き届かなくなり、ゴミ処理も行われなくなり、公園も私有となれば市民の憩いの場ではなくなってしまい、これでは困ってしまいます。このようなことから、税金があることで、私たちの生活において、受けられる恩恵も多くあるということを、理解して貰えたのではないかと思います。

1-2　税金の種類

　日本には約50種類もの税金があります。学生の皆さんが新聞やテレビなどでよく聞くことのある税金にはどの様なものがあるのでしょうか。筆頭に出てくるのは**消費税**ではないかと思います。次にくるのが、法人税や所得税、相続税などでしょうか。身近な税金では、住民税や自動車税や固定資産税などを思い浮かべる方も多いと思います。その他にも、お酒にかかる酒税や、たばこにかかるたばこ税、温泉に入るときに納める入湯税など、実に沢山の種類の税金があります。最近は、飛行機や船などで出国をする際に納める国際観光旅客税という税金も新たに生まれました。税金には、**応能負担の原則**といわれる、できるだけ広く多方面の方から公平に税金を納めてもらうとした考え方があり、そのために、この様に多くの種類の税金があるのです。

1-3　税金の考え方

　日本の税金の基本原則は、**租税法律主義**と**租税公平主義**です。

　租税法律主義とは、「法律の根拠に基づくことなしには、国家は租税を賦課・徴収することはできず、国民は租税の納付を要求されることはない。」とされるものです。したがって、法律で定めることなく、国家は国民に税金を課することはできません。

　一方の**租税公平主義**とは、「税負担は、国民の間に担税力に即して公平に配分されなくてはならず、各種の租税法律関係において国民は平

等に取り扱わなければならないという原則[3]」をいいます。更に、この租税公平主義には、水平的公平と垂直的公平という二つの考え方があります[4]。

　学生の皆さんや税金を納めている皆さんの中には、「自分の努力でここまで稼いだのに、何故こんなに多くの税金を納めなければならないのだろう」と思う方や、「これだけしか蓄えがないのに、何故こんなに税金を納めなければならないのだろう」と考える方もおられると思います。これは、こうした公平に税金を負担するという原則があるためなのです。

　税金の決まり方にも大切なルールがあり、国の税金については、**申告納税方式**が採用されています[5]。これは、「納付すべき税額が納税者の申告によって確定することを原則[6]」とするものです。後で詳述する所得税には、このように申告納税方式が採用されていることから、納税者が自ら確定申告をして、納税額を算出して納付する必要があるのです。これを**「所得税の確定申告」**と呼んでいます。言い方を変えれば、国は納税者自身を信頼しているからこそ委ねるのであって、納税者自身もそれに応えて正しく税額を算定する必要があるのです。一人ひとりの心構えが異なってしまうと、正しい租税制度が成り立たなくなってしまいます。そこで国には、税金を正しく申告しているかをチェックする**税務調査**という機能があるのです。

2．給与には税金がかかる

　学生の皆さんや社会人の方が、アルバイト先や企業から貰う給与にかかる税金は、主に**所得税**や**住民税**です。ここではこの二つの税金について説明をします。

2-1 所得税とは

　所得税は、法人税や相続税と合わせて**国税三法**といわれ、日本の税収の中でも最も重要な位置を占める税金の一つです。皆さんも耳にされたことがあると思います。これはひと言でいうと、国民一人ひとりが、1年間（1月1日から12月31日）に稼いだ、**所得**に対して課税される税金のことです。この所得とは、所得税法では「収入」から「必要経費」を差し引いたものと定義がされています。要するに、**収入と所得は同一ではない**のです。この点については留意する必要があります。

　次に、**必要経費**について説明します。個人で商売を行っている個人事業主の場合は、その商売で収入を上げるために、使った経費（水道代や電気代、家賃など）が必要経費となります。それでは、給与収入の必要経費とは何でしょうか。給与を得るためには、会社までの交通費や、仕事で着用すべき衣服や、仕事のスキルを上げるための研修費用などが必要経費になると思われる方も多いかもしれません。しかしながら、実はこれらの経費は、給与を得るための必要経費とは認められていません[7]。そこで、給与収入から控除ができる**概算必要経費**として定められているのが**給与所得控除**[8]というものです。この給与所得控除の金額は、給与の収入ごとに段階的に定められています。そのため、其々の給与収入に応じて、給与から差し引ける給与所得控除が決まります。つまり、給与収入の方の所得税の算定基礎となる所得とは、給与収入から給与所得控除を差し引いた金額となるのです[9]。

　なお所得税には、**累進税率**が採用されています。累進税率とは「課税標準の増加につれて、適用される税率の上昇するもの」[10]をいい、簡単に言えば、所得が増えるほど税率が上昇する制度のことです。

2-2 住民税とは

　もうひとつの代表的な税金が**個人住民税**[11]です。所得税は、国に納め

る**国税**ですが、この住民税は、都道府県や市町村などの地方公共団体に納める**地方税**になります。地方税には、固定資産税や自動車税など多くの税金がありますが、この住民税は、その中でも 39.8 ％[12]もの割合を占めており、地方公共団体において最も重要な税金となっています。

　住民税は、所得税と同じく、個人の所得に対して課税がされるものです。所得の求め方は、収入金額から必要経費や、各種所得控除額を控除して差し引いて求めるので、所得税と考え方はほぼ同じです[13]。但し、税率は所得税と異なり、基本的には**定率**（標準税率 10 ％）となり、更に所得に課税される**所得割**のほか、所得にかかわらずに課税される**均等割**から成り立っています。

　また従来から、住民税の問題点として、地方により偏りが生ずることが指摘されていましたが、その是正のために新設されたのが**ふるさと納税**です。ふるさと納税は、日本に寄附文化を根付けた点でも大変評価ができる制度です。もっとも、最近は行き過ぎた返戻金に対する問題も取り上げられ、ふるさと納税の制度を見直す議論が見受けられます。

3. アルバイトの税金

　学生の皆さんが稼いだアルバイト収入でも、一定額を超えると「所得税と住民税」がかかることがあります。しかも、所得額によっては、扶養者（親）の税金計算に影響を及ぼします。以下、具体例で確認をしてみます。

（1）税額の算定手順

　所得税と住民税の算定手順は、殆ど同じです。次の計算式は、給与収入から課税される所得金額を求める算式です。

　　　給与収入－給与所得控除＝所得

　　　所得－（勤労学生控除＋基礎控除）＝課税される所得金額

勤労学生控除と基礎控除は、所得控除のひとつです。勤労学生控除とは、納税対象者が、所得税法（又は地方税法）の勤労学生に該当した場合に適用できる所得控除のことです。勤労学生とは、その年の 12 月 31 日時点の現況で、給与所得などの勤労による所得があること、合計所得金額が 75 万円以下で、**給与などの勤労に基づく所得以外の所得**が 10 万円以下であること、特定の学校（学校教育法の大学、高校や医療機関等設置の専修学校など）の学生や生徒であることの、全てを充たした者のことです。控除額は所得税が 27 万円、住民税が 26 万円と定められています。また、基礎控除とは、全ての納税者の所得から差し引ける控除額のことで、金額は所得税が 48 万円、住民税が 43 万円（ともに合計所得金額が 2,400 万円以下の場合）とされています。

　例を挙げてみます。アルバイト収入が 162.5 万円以下（給与所得控除 55 万円）の場合は、次の算式となります（数値は所得税の場合です）。

　　給与収入－給与所得控除(55 万円)＝所得

　　所得－(勤労学生控除(27 万円)＋基礎控除(48 万円))

　　　　　　　　　　　　　　　　＝課税される所得金額

　この算式の「課税される所得金額」がゼロになれば、税額は生じないこととなります。

　例えば、所得税の場合は、55 万円＋ 27 万円＋ 48 万円＝ 130 万円の控除額があることから、年収 130 万円以下の場合は、課税される所得金額はゼロとなると算定できます。一方、住民税の場合は、55 万円＋ 26 万円＋ 43 万円＝ 124 万円の控除額があることから、年収 124 万円以下の場合は、課税される所得金額はゼロとなります。[14]

（2）親の税金への影響

　学生の皆さんのアルバイト収入は、収入金額によっては、親の税金計算上において、扶養控除の適用有無の形でも影響します。

　アルバイトの年収が 103 万円以下の場合、親の税金の計算上、年収

金額から、所得税及び住民税ともに扶養控除額を差し引くことができます。この扶養控除額は、年齢がその年の 12 月 31 日現在で **19 歳以上 23 歳未満**であると、特定扶養親族として所得税 63 万円（住民税 45 万円）、その他の年齢では、所得税 38 万円（住民税 33 万円）となります。

そのため、もしアルバイトをし過ぎたことで、**年収 103 万円超**となると、親の扶養親族から外れ、親の税金にも影響を及ぼすことになります。

4．社会人の税金

4-1　会社員の税金とフリーランスの税金

会社員の主な収入は給与です。給与と、所得税及び住民税の関係については、既にお話ししてきた通りです。多くの会社員の場合、確定申告は行わずに、給与を支払う企業が**年末調整**[15]を行いそれで税務手続きが完結する場合が殆どです。

但し、最近は、従業員の副業を認めている会社も増えてきており、会社員でも副業を行う場合があります。この場合は、自らの税額を年末調整のみでは完結できず、原則として**確定申告**を行う必要があります。また、フリーランスの収入は、給与所得に該当する場合が一般的には多いと考えられます[16]。その場合は、会社員と同様に、年末調整（複数の企業等と業務契約がある場合は確定申告が必要）を行うこととなります。

4-2　個人事業主の税金

個人事業主の収入は給与所得ではなく、一般的に事業所得や不動産所得となります。確定申告を行うことで、自らが税額を確定させ納付することが必要となります。

なお、個人事業主になるには、開業届など一定の書類を税務署に提出

する必要があります。また、事業所得や不動産所得の確定申告には**青色申告**と**白色申告**があり、青色申告はより厳格な帳簿記帳などが義務付けられる一方で、所得金額を控除できる青色申告特別控除[17]などの多くの特典があります。

4–3　経営者と税金

　株式会社などの法人を設立して経営を行う経営者は、経営者自身の所得税の他、法人から生ずる**法人税**についても知識を得ておく必要があります。法人税は、企業の利益を基に算定された所得金額に税率を乗じて算定します。法人税の税率は、所得税のような累進税率は採られておらず一定[18]となっています。また、法人を設立する場合にも設立届などの書類を税務署に提出する必要があり、法人税の申告にも青色申告と白色申告の区分が設けられています。

〈注〉

1　近年はこうした課題を解決すべく、国税庁は租税教育に力を入れている。

2　金子宏『租税法（第19版）』弘文堂　2014年　71頁引用

3　金子宏『租税法（第19版）』弘文堂　2014年　81頁引用

4　水平的公平とは、等しい担税力を持つ人々は等しく租税を負担することをいい、一方の垂直的公平とは、異なる担税力を持つ人々は異なる租税負担を負うことを求めることをいう。増田英敏『リーガルマインド租税法（第4版）』成文堂　2014年　20頁〜21頁参照

5　「一方で、地方税には、賦課課税方式が採用されているものも多い。賦課課税方式とは、納付すべき税額がもっぱら租税行政庁の処分によって確定する方式のことをいう。」金子宏『租税法（第19版）』弘文堂　2014　771頁引用

6　金子宏『租税法（第19版）』弘文堂　2014年　770頁引用

7　給与所得者における勤務必要経費（図書費、衣服費、交際費等）については、別途、特定支出控除の規定が設けられている。芦田眞一『図解所得税令和元年版』大蔵財務協会　2019年　292頁〜293頁参照

8　給与所得控除の金額の妥当性やそのあり方については、過去の判例を踏まえ、多くの議論がされている。金子宏・佐藤英明・増井良啓・渋谷雅弘『ケースブック租税法（第4版）』弘文堂　2013年　325頁〜329頁参照

9　所得税には、この他にも所得控除という制度がある。この所得控除の金額を、所得から更に差し引いた「課税所得」に税率を乗ずることで、所得税が決定される。

10　岡村忠生・渡辺徹也・髙橋祐介『ベーシック税法（第7版）』有斐閣　2013年　30頁引用

11　住民税には、個人住民税の他に法人が納める法人住民税がある。

12　平成30年度の地方税総額に占める住民税の構成比。総務省ホームページによる。

13　所得控除の金額には所得税と住民税で一部に相違点がある。

14　住民税には、納税義務者の所得に関わらず課税される均等割があることから、年収124万円以下の場合でも均等割は生ずる可能性がある。

15　会社員に給与を支給する際、給与額から毎月所得税の源泉徴収を行うが、この源泉徴収税額と、正規の年税額は一致しないことが普通であるため、源泉徴収税額の過不足を精算する手続きを年末調整という。芦田・前掲注（10）771頁参照

16　フリーランスについては、条件等により給与所得ではなく事業所得や雑所得に該当することもある。

17 青色申告者には、青色申告特別控除が適用される。即ち、青色申告者の各年分の不動産所得の金額、事業所得の金額又は山林所得の金額は、総収入金額から必要経費を控除し、更に青色申告特別控除額を控除した後の金額となる。芦田眞一 『図解所得税令和元年版』 大蔵財務協会 2019年 130頁参照

18 令和2年4月1日現在の法令では、例えば資本金1億円以下の中小法人など一定の要件を満たす法人は、所得が年800万円以下の部分について、年800万円超の部分に比べて軽減措置が講じられている。

〈参考文献〉

金子宏 『租税法（第19版)』 弘文堂 2014年

増田英敏 『リーガルマインド租税法（第4版)』 成文堂 2014年

芦田眞一 『図解所得税 令和元年版』 大蔵財務協会 2019年

第 **3** 章

就活トピック編

第**13**講 職務経歴書の書き方

1. 若年中途採用について

1-1　中途採用の面接の意義

　労働市場については、既に第7講で学んできたところです。労働市場には、内部労働市場と外部労働市場があります。前者は同一企業内或いは同一グループ内での配転で労働力を融通させる場のことで、後者は、転職市場と呼ばれています。**外部労働市場**では、新たな人材を採用したい企業が、何らかの理由で現状組織では人材が不足しており、その補充を図ろうとしています。ここでの不足とは、単に人数の不足というケースもあれば、現有する人材では能力不足で新規事業等に対応できないなどの理由もあり多様です。

　新卒採用が、企業の将来を担う人材を育成していく先行投資的な位置付けであるのに対して、**中途採用**は、これ当に、**即戦力の確保**ということです。組織の中に現有戦力では解決できない課題があり、その解決手段として新しい人材を求めるということです。新卒採用が潜在能力と人間性を重視するのに対し、中途採用の場合には具体的なスキルや実績が求められており、ケースによってはこれらに高度な専門的知識の保有までも求められることがあります。なお、これらの能力や実績は、支払われる賃金などの労働条件に見合ったものが求められており、評価ハードルは高いものとなっています。

　中途採用においては、入社希望者の履歴書や職務経歴書を見れば、ある程度はその人の保有能力と実績を知ることができます。もっとも、記載者本人の主観によって内容が針小棒大となってしまうこともあり、後

で聞いてみると根も葉もないことであったという事例もよくあることから、これらの根拠の裏付け調査を企業は常識的に行っていることを認識しておく必要があります。更には、中途採用者は、別の企業文化で仕事をしてきたことから、転職先の社風に合うかどうかという視点についても採用基準のウェイトは大きいものです。したがって、中途採用の面接では、①「選考書類に記載されているスキルや実績を確認する」、②「人間性が自社に馴染むかどうかを確認する」という２つの目的が重視され、必要に応じて③「専門知識の確認」も行われています。

1-2 若年中途採用者と新卒採用との期待される能力の違い

　新卒採用は、人材を育成する先行投資的な位置付けを持ち合わせており、将来、活躍できるかどうか潜在能力の有無を中心に人物重視によって判断されています。一方、中途採用の目的は、即戦力として能力を発揮してもらう人材の採用になるため、人物像以上に、支払われる賃金などの労働条件に見合ったスキルや実績を持ち合わせているか、職務内容によっては高度な専門的知識を有しているかを求められることになります。

　しかしながら、若者の中途採用では、必ずしも高度なスキルや実績を求められている訳ではありません。20代の転職においては、職務経験がまだまだ浅いことが多く、企業側としても、今後どのように貢献をしてもらえるかを念頭におき採用を行っています。これらは、新卒や15歳から34歳までの**フリーター**[1]を雇用する際に企業が重視した能力に関する調査[2]において「職業意識・勤労意欲・チャレンジ精神」「コミュニケーション能力」「マナー・社会常識」を重視したという結果からも読み取れます。20代の転職においては、即戦力としての能力に達していない、高度な専門的知識がなくとも、新卒採用時と同様にポテンシャルを重視した採用が行われますから、新卒時の就活で評価されたアピールポイントや能力、その後、仕事を通じて身につけたスキルや経験

を重ね合わせ自己アピールすることが大切です。なお、新卒3年以内の**第二新卒採用**においては中途採用枠ではなく、新規学卒枠での応募が可能となっています。

1-3　これからの時代に求められる能力

　企業はこれまで大企業を中心に、終身雇用を前提とした異動・**ジョブローテーション**[3]により、従業員が経験する職務を数年単位で変更することで能力開発を行い、その能力をもとに適材適所に人材を配置することで従業員を活用してきました。これらの人材活用の仕組みでは、「経験をもとに着実に仕事を行う能力」や「チームの一員として自らの役割を果たす能力」など、組織が円滑に運営される能力を重視した育成が実施されていました。しかしながら、国内外の経済環境は、少子高齢化の影響、グローバル化に伴う企業間競争の激化や、**第4次産業革命**[4]といわれている**IoT**[5]や**AI**[6]による急速な技術革新やデジタル化の進展が、企業の存続期間の短縮や強みの陳腐化を加速させており、企業はその生き残りをかけ、事業環境の変化に柔軟に対応することを求められています。それに伴い、これからの時代に企業が求める能力についても変化がみられ、「企画力や創造性などの柔軟な発想力」「情報収集能力、課題解決力などの業務遂行能力」「チャレンジ精神や主体性などの人間的資質」「コミュニケーション能力などの対人関係能力」などが重視されるようになっています。これらの傾向は、企業に対し、独立行政法人が行った調査[7]や総務省の調査[8]結果からも読み取ることができます。

　人生100年時代[9]が到来し、個人がこれまで以上に企業・組織・社会との関わりが長くなることを受け、経済産業省は全年代がライフステージの各段階で意識すべき項目として、「**人生100年時代の社会人基礎力**」を提唱しています。

【人生 100 年時代の社会人基礎力】

どう活躍するか
【目的】
自己実現や社会貢献
に向けて行動する

前に踏み出す力
主体性、働きかけ力、
実行力

3つの視点

3つの能力
12の能力要素

リフレクション （振り返り）

どのように学ぶか
【統合】
多様な体験・経験、能力、キャリ
アを組み合わせ、統合する

何を学ぶか
【学び】
学び続けることを学ぶ

チームで働く力
発信力、傾聴力、
柔軟性、情況把握力、
規律性、ストレスコントロール力

考え抜く力
課題発見力、
計画力、
想像力

出典：経済産業省ホームページより

　「人生 100 年時代の社会人基礎力」では、3 つの能力と 12 の能力要素として、①前に踏み出す力（主体性・働きかけ力・実行力）、②考え抜く力（課題発見力・計画力・想像力）、③チームで働く力（発信力・傾聴力・柔軟性・情況把握力・規律性・ストレスコントロール力）が必要であるとし、更に 3 つの視点、①何を学ぶか（学び）、②どのように学ぶか（統合）、③学んだ後にそれをどこで使い、どのように活躍するか（目的）を併せ持つことが重要であるとしました。

　これらの能力についてアピールできる部分があれば強調し、今後身につける必要があるのであれば自己PR等を活用し、これらの能力開発に対し前向きな姿勢や意欲を伝えることもポイントになります。

2. 職務経歴書について

2-1　職務経歴書と履歴書・添え状の違い

　職務経歴書とは、転職する際の応募書類として、履歴書や添え状と合わせて提出を求められる書類です。**履歴書**は、氏名・写真などの本人の

基礎情報の他に、学歴、職歴、保有する免許・資格、志望動機、退職理由や健康状態を中心に記載します。職務経歴書は、これまで在籍してきた勤務先の企業名、経験した職務内容、保有する免許・資格、表彰・受賞歴、社内外研修の受講歴や自己PRなどを記載します。**添え状**は、履歴書や職務経歴書に添える挨拶状です。

　職務経歴書のフォーマットは自由ですが、時系列で職歴をまとめて記載する**編年体式**と、プロジェクトや職務をまとめて記載する**キャリア式**が一般的です。編年体式には職歴の古いものから新しいものを記載する方法と、新しいものから古いものを記載する方法があります。其々に長所と短所がありますが、自身の経歴やアピールしたいポイントを強調するために、用途に応じてどの方式を採用するかを決定していきます。

2-2　企業が職務経歴書の提出を求める理由

　企業が中途採用を実施する目的は、即戦力として能力を発揮してもらう人材の採用です。そのため、まずは**書類選考**において、自社が希望する**職務能力水準**を満たしているかについて絞り込みを行います。職務経歴書では、応募者がその水準に達しているか、それに加えて、今後どのように貢献をしてもらえるかについて、過去の仕事での取り組みや実績などを通じてどの程度の実務能力を有しているか、仕事に対して高い意欲や前向きな気持ちを持ち合わせているか、発揮できる強みや欠点を自覚しているか、転職目的や回数から自社に定着する人材か、社風に合う人材かなどについて評価し、合否を決定しています。

　つまり、どれだけ素晴らしい職歴やスキルと実績を有していても、企業のニーズを捉え、それを汲み取った的確な表現やアピールができなければ、その他大勢の応募者との差をつけることができません。職歴等の記載内容が少ない、逆にアピールポイントを絞りきれず細かい字でビッシリと書面を埋め尽くすなど、読み手の気持ちを考慮しない内容も逆効

果となります。採用担当者に対し書類選考を経て会いたいと思わせることができるか、そして、その後の面接選考での質問等を想定した内容に仕上げていくことが重要となります。

　履歴書の役割は、学歴や職歴の確認だけでなく、通勤可能か、志望動機から自社への思いを感じるか、希望給与に隔たりがないかといった条件面が自社の採用条件を満たしているかについてもチェックしています。

3　職務経歴書の書き方

3–1　職務経歴書の書式

　一般的な職務経歴書には、**編年体式**と**キャリア式**とがあります。

　編年体式とは、配属、異動、昇進などをポイントにして、入社からの職歴を時系列に記載していく方法です。採用担当者も応募者のスキルや実績、能力の進展についてプロセスを通して確認することができますが、反面、アピールしたいスキルや実績が経歴の中に埋もれてしまい分かりづらくなる欠点があるため、アピールポイントを強調するなどの工夫が必要となってきます。古いものから順に記載する方法が一般的ですが、新しいものから遡って記載することもできます。

　キャリア式とは、担当した業務内容ごとに職歴をまとめる方法です。勤務先や年代にかかわらず複数の職歴の中で、強調したい内容に的を絞って業務内容を記載することで、実務能力や専門スキルをアピールすることに適しています。反面、これまでの職歴の経緯が分かりづらくなる欠点があるため、簡単な職歴を編年体により補足するなどの工夫が必要となります。

3-2 職務経歴書の主な記載内容

①職歴要約

　　職務の要約は、これまでの職務の中でアピールすべきポイントを数行にまとめて記載する項目です。採用活動を行っている人事部の担当者は一度に数多くの選考書類に目を通しており、応募者一人に対して書類を読む時間が数分程度と限られています。この項目を活用し担当者の心を掴むことがとても重要です。

②勤務先の企業名

　　在籍中又は在籍していた勤務先の会社名、事業内容、資本金、従業員数、在籍年数などを記載します。その会社が株式公開を行っているのであればその情報も記載します。事業内容については、その業界の経験がない採用担当者にも分かるように記載するよう心がけて下さい。

③職務内容

　　職務内容は、勤務先での配置転換や転勤などの異動、昇進の時期を区切りとし、所属部署や人数構成、業務内容、身につけたスキルや実績を記載します。職種や経験年数によってアピールする部分が大きく異なりますが、共通することは、どのような環境下で業務を行っていたか（環境）、従事していた業務の内容に対しての取り組み姿勢や身につけたスキルは何か（内容）、業務の実績、評価、改善や提案など、どのような形でその組織にとってプラスとなる変化をもたらしたか（結果）についてです。これに加え、マネジメント経験を有しているのであれば、役職や部下の人数などを明示した上で、マネジメント経験や発揮したリーダーシップについての具体例を記載します。

④免許・資格

　　免許・資格は応募する業種や職種に関係するものを正式名称で

記載します。キャリアアップのための資格取得など勉強中のものがあればその旨を記載して下さい。悪い例として、保有している免許や資格を全て記載しているケースや中学生程度でも取得できるものを記載しているケースがありますが、これは逆効果です。特に前者については、取得する免許や資格に一貫性や関連性がないと「資格マニア」と勘違いされることもありますので、応募する業種や職種に適したものを記載するように心がけて下さい。

⑤表彰・受賞

　具体的な実績の証明として、社長賞、奨励賞、社内外コンテストでの受賞歴などを記載します。職務内容に合わせて記載するとより効果的です。

⑥社内研修・社外活動

　これまでに受講した研修について記載します。特に、キャリア経験が浅い人については、新人研修などの基礎訓練を受けたことをアピールしても構いません。また、会社で実施された研修以外で、同業者の勉強会、異業種交流会などへの社会活動の実績を記載しておけば、自己啓発や意欲のアピールとしても評価されます。

⑦自己PR・転職理由

　職務内容の記載だけでは表現しきれないアピールポイントを記載します。アピールポイントがないと悩む人もいますが、仕事の失敗から学んだ経験などから、今後の仕事に対し前向きな姿勢や意欲を伝えることもアピールになります。転職理由について伝えたいことがあればこの欄で補足します。

3-3　企業ニーズを分析する

　中途採用の面接では、応募職種に見合ったスキルや実績を有しているか、人間性が自社の風土に馴染むかどうかを中心に、必要に応じて専門

知識の確認が行われることになります。

　よくありがちな失敗例の一つとして、職務経歴書の内容が単純に、過去の経歴が羅列されたものになっているケースです。応募書類を**自分の分身**[10]と置き換えるとイメージしやすいと思います。一人の面接官の前で複数の応募者と面接を受けていることを想像した時に、他の応募者がこれまで経験したスキルや実績を具体例に基づき、応募職種に適した内容について、熱心にメリハリの効いた話をしている姿と、過去の経歴を淡々と説明している自分の姿のどちらが相手に対して好印象を与えるでしょうか。応募書類は書類選考という形で面接の役割を果たしていることを想定し作成するように心がけて下さい。

　それではどのように職務経歴書を作成すればいいのでしょうか。

　先ずは、（1）応募企業のニーズを分析しそれに見合った人物像を把握し、それと同時に（2）これまでの職歴やスキル・実績の洗い出しから取り組みます。

　次に、それらの分析から、（3）応募条件に効果的なキャリアの情報を選択し、職務経歴書にまとめていきます。

（1）応募企業のニーズを分析しそれに見合った人物像を把握する

　応募する企業のニーズを知るためには、その企業と募集条件をよく理解することから始めます。他業種への転職を希望する場合であれば、その企業が属する業界を俯瞰して捉え、他の企業との違いは何かを調べ、自分なりに考えてみます。

　企業ニーズを分析する上で、IR[11]や投資家向けの情報が公表されているのであれば、将来の業績見通しや中期経営計画など今後の事業展開や戦略に関する情報に目を通し、その企業が将来に対してどのようなビジョンや方向性を持っているかを把握します。これらの情報がない場合でも、企業独自のホームページや企業情報誌などインターネット等の情報や求人情報、社長や社員の紹介記事やブログ等を入念に調べ、その企

業の将来のビジョンや方向性を探ります。その業界や企業に勤めている友人や知人がいるのであれば、積極的に質問し情報収集を行うことで、自分なりに立てている仮説とのギャップを認識することも可能です。

次に、募集条件に記載されている歓迎するスキルや条件などの情報を分析します。これらの情報にはその企業が求めているスキルや人物像の詳細が書かれています。例えば、営業職種の募集を行っている企業で、これからビジネスを拡大していくような過程にあり、毎月売上を増やすことを計画しているようであれば、営業にも勢いや行動力が求められると仮定し、それに必要な能力は何かについて分析します。

この分析を行うことで、企業が求める能力と自身が保有する能力とのギャップが明確になり、そもそも募集内容が自分に向いているかを確認することで採用後の職務内容とのミスマッチを防止することができます。また、職務経歴書を作成する際にも、条件に合わせてアピールしたいスキルや実績の取捨選択にもつながります。

（2）これまでの職歴やスキル・実績の洗い出し

これまでの職務に関するデータを具体的に書き出してみます。どのような環境でどんな仕事を行っていたか（環境）を時系列に書き出し、それに対してどんな変化が生じたのか、身につけたスキルは何か（内容）を付け加えていきます。入社日から受講した研修内容、配属先、部署の社員数、任された業務内容をできるだけ具体的に細かく洗い出します。異動、昇進、転勤などのタイミングで書き出すことで作業が容易になります。

次に、業務の実績、評価、改善や提案などその組織にとってプラスとなる変化をもたらしたか（結果）について書き出します。売上増大、利益率アップ、経費削減、残業削減、商品開発などの具体的な実績のほか、仕事でどんな工夫をしたか、最も印象に残る出来事は何か、仕事を通じて会社に貢献したことがあれば、それらを書き出します。これに併せて、

失敗したことやリカバリーしたことについても書き出しておきます。職務経験が浅い、未経験の業界や職種を希望するなどの際、特記するほどの実績やその業界・職種に直接関係する実績がないこともあります。その場合、失敗などに対してどのように考え、対応したかなどを自己PR欄等に記載することで経験不足を補完することもできます。

　最後に、資格、免許、自己啓発、社外活動などについて書き出します。新卒者の場合は保有している資格や免許を全て書き出して構いませんが、中学生程度でも取得できるものは除外します（転職者は逆に厳選の必要がある）。自己啓発、社外活動は、自発的に行った専門教育やセミナー受講歴、異業種交流会への参加なども幾らかは書き出しても良いかもしれません。

（3）応募条件に効果的なキャリアの情報を選択し、職務経歴書にまとめる

　職務経歴書は「自分の分身」の役割を果たしています。単なる過去の経歴の羅列にならないよう、企業ニーズや募集条件の分析結果にマッチしたスキルや実績等を取捨選択し、一方的な思いではなく、どのように貢献できるのか面接官の立場を意識して職務経歴書に落とし込んでいきます。数値化された情報を盛り込み、より具体的に書くことは当然ですが、実績をアピールするあまり情報過多になっては読み手の心を動かしません。職務要約の内容と一貫性をもたせアピールしたい項目を絞って記載すると効果的です。

　数値化しづらい職種、例えば、事務職であれば改善や提案などその組織にとってプラスとなる自主的な行動を具体的に記載し、クリエイティブ職であれば、手がけた作品や制作物を併せて提出するなどの方法もあります。

〈注〉

1 フリーターとは、非在学でアルバイトの仕事に従事している若者を示すものである。

2 2019年12月18日付の厚生労働省「平成30年若年者雇用実態調査の概況」によると、企業が若年者雇用の選考にあたり重視した点は、「職業意識・勤労意欲・チャレンジ精神」（77.9%）、「コミュニケーション能力」（71.1%）、「マナー・社会常識」（61.0%）の順となっている。15歳から34歳までのフリーターにおいても、「職業意識・勤労意欲・チャレンジ精神」（68.7%）、「マナー・社会常識」（59.8%）、「コミュニケーション能力」（52.5%）となっている。数字は複数回答による。

3 ジョブローテーションとは、社員の「業務関連視野の拡大」「適性の発見」「適材適所の配置」などを目的として、社内各部署や関連企業を計画的に異動させることで、多くの仕事を経験させていく能力開発のこと。組織の活性化にも有効とされている。

4 第4次産業革命はデジタル革命であり、18世紀の最初の産業革命以降の4番目の産業変革の時代を意味する。ロボット工学、人工知能、バイオテクノロジー、3Dプリンター、自動運転車、仮想現実などの分野での技術革新が特徴とされ、機械が創造的でない人間の仕事を代行できるとされている。

5 IoTとは、Internet of Thingsの略。建物、電化製品、自動車、医療機器など、パソコンやサーバーといった電子機器以外の多種多様な「モノ」がインターネットに接続され、相互に情報を交換することで、「モノのインターネット」ともいわれている。
参考：知恵蔵

6 AIはArtificial Intelligenceの略。人工知能のことで、人工知能とは、人間にしかできない高度な知的作業や判断についてコンピュータを中心とする人工的なシステムで行えるようにしたもの。

7 2020年5月29日付の独立行政法人労働政策研究・研修機構「人生100年時代のキャリア形成と雇用管理の課題に関する調査」によると、これまで企業が重視してきた能力は「経験をもとに着実に仕事を行う能力」（67.3%）、「チームの一員として自らの役割を果たす能力」（64.6%）が上位にあげられる。一方、人生100年時代に求められる能力としては「柔軟な発想で新しい考えを生み出すことのできる能力」（53.5%）、「特定の分野における専門的・技術的な能力」（47.1%）となっている。数字は複数回答による。

8 総務省平成29年通信利用動向調査によると、これからのAIの普及により求められる能力は上位から「情報収集能力や課題解決能力、論理的思考などの業務遂行能力」（70.8%）、「チャレンジ精神や主体性、行動力、洞察力などの人間的資質」（70.3%）、「コミュニケーション能力やコーチングなどの対人関係能力」（69.1%）、「変化への柔軟性」（57.8%）、そして「企画発想力や創造性」（54.5%）の順となっている。数字は複数回答による。

9　安倍内閣は、2017年から超長寿社会の経済社会システムに関しての議論を深め、2018年6月には、「人生100年時代構想会議」を通じて、幼児教育無償化、待機児童問題の解消、介護職員の処遇改善、学び直しの支援、高齢者雇用の促進を中心に、「人づくり革命基本構想」を発表した。この際に安倍首相は、「人生100年時代を見据えた経済社会システムの大改革に挑戦するのが人づくり革命である」と述べたことから、マスコミを通じて、世間に「人生100年時代」の言葉が広まることになった。

10　矢島雅己『最新最強の履歴書・職務経歴書 22年版』成美堂出版 2020年 12頁参照

11　IRとは「Investor Relations」の略で、株式を発行した企業などの「投資家向け情報提供」のこと。金融商品取引法は、企業に対して、四半期ごとに決算短信などの財務諸表を開示することや、「投資判断に重要な影響を与える会社情報」を適時開示することを義務付けている。

〈参考文献〉

藤井佐和子 『履歴書・職務経歴書 採用される書き方』 新星出版社 2020年

矢島雅己 『最新最強の履歴書・職務経歴書 22年版』 成美堂出版

谷所健一郎 『転職者のための職務経歴書・添え状の書き方』 大日本印刷 2020年

1. ワークルールとは

1-1 ワークルールとは労働法のこと

　本講では、ワークルールについて学びます。**ワークルールとは労働法のことで**、このルールを知らないと、損をしたり、権利の侵害を受けたりと被害者になるばかりか、これらを知らずに指示する側に立てば知らぬ間に加害者に早変わりしてしまうことさえあります。働く者はお互いのためにもワークルールたる労働法を学んでおく必要があります。

　もっとも、労働法という名称の法律はありません。労働法は、一般法たる民法の特別法であり、労働基準法をはじめ、労働安全衛生法・労働者災害補償保険法・雇用保険法・男女雇用機会均等法など、労働関係の法律の総称です。また、労働基準法、労働組合法に労働関係調整法を加えたものは、**労働三法**といわれ、労働法の基本的な存在として重要視されてきました。

　本講で労働法の全てを学ぶのではなく、最低限必要なことを学んで欲しいと思っています。就業規則、賃金、労働時間、休日・休暇、そして退職・解雇を中心にお話ししていきます。関係法令は、労働基準法が中核となりますが、パート有期雇用労働法や最低賃金法などにも及びます。もっとも、第6講の「求人票」及び第10講「採用と内定に関する法律の知識」と重複する部分は原則として割愛しています。なお、本講の一部記述には、『要説 キャリアとワークルール（第3版）』（三恵社）から、著者執筆部分を抜粋転載し、加筆修正の上、活用していることをお断りしておきます。

1-2　労働法の分類と体系

　労働法をその機能と対象により分類すると、大きく分けて、集団的労働関係法・個別的労働関係法・労働市場関係法の3つに分類すること[2]ができるといわれています。

> **集団的労働関係法**…労働組合と使用者（企業）の関係を定める法律群のことです。労働組合法や労働関係調整法があります。
>
> **個別的労働関係法**…使用者（企業）と労働者の関係を定める法律群のことです。労働基準法・労働安全衛生法・労働者災害補償保険法・最低賃金法・男女雇用機会均等法などがあります。
>
> **労働市場関係法**……労働市場の活性化や労働需要の調整など、雇用政策的な側面を持つ法律群のことです。労働施策総合促進法が、これらの基本法であり、職業安定法・雇用保険法などがあります。

　労働法の体系図は、次の通りです。

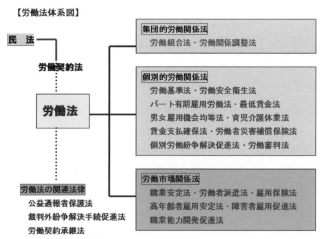

【労働法体系図】

民　法
労働契約法
労働法
労働法の関連法律
　公益通報者保護法
　裁判外紛争解決手続促進法
　労働契約承継法

集団的労働関係法
　労働組合法・労働関係調整法

個別的労働関係法
　労働基準法・労働安全衛生法
　パート有期雇用労働法・最低賃金法
　男女雇用機会均等法・育児介護休業法
　賃金支払確保法・労働者災害補償保険法
　個別労働紛争解決促進法・労働審判法

労働市場関係法
　職業安定法・労働者派遣法・雇用保険法
　高年齢者雇用安定法・障害者雇用促進法
　職業能力開発促進法

（主な法律の例示であり、すべてを挙げている訳ではありません。）

経営法友会大阪部会編『企業活動の法律知識〈新訂第5版〉』経営法友会(2007) 292頁の共著者の中川直毅作成の図に加筆。

2. 就業規則

2-1 労働契約と契約期間

　労働契約とは、民法の契約自由の原則と雇用契約の規定を修正したもので、労働者が使用者に使用されて労働し、使用者がその労働の対価として賃金を支払うことについて、労働者及び使用者が**対等の立場**で合意することで成立します。

　労働契約の期間については、期間の定めのないものを除き、一定の事業の完了に必要な期間を定めるものの他は、原則として、3年を超えて締結することはできません。但し、博士の学位を有する者、公認会計士、社会保険労務士や薬剤師などの高度な専門的知識や技術などを有する者が、その知識・技術等を必要とする業務に就く場合や、満60歳以上の者の場合は、5年以内の期間で締結することができます（労働基準法14条）。

　また、労働契約の締結と共に、使用者側には、主な義務として「賃金支払義務」が生じ、労働者側にも「労務提供義務」が生じます。また、民法の定める信義誠実の原則に基づき、付随的な義務として、使用者側には「安全配慮義務」など、労働者側にも「職務専念義務」などが生じることになります。

　採用に関しての法律知識については、第10講「採用と内定に関する法律の知識」で説明しています。

2-2 就業規則と労働協約

　就業規則と労働協約について説明します。就業規則は、使用者が常時10人以上の労働者を雇用していれば、必ず作成しなければならないものです。就業規則には、始業・終業時刻、休日・休暇、退職などの重要な労働条件を記載しておかなければならず、職場のルールブックとして、

法的にとても大切な役割を果たしています。

労働協約は、労働組合法14条の定めにより、使用者と労働組合が、労働条件などについての合意内容を文書にして、双方の当事者が署名又は記名押印したものです。

労働協約・就業規則・労働契約には、法令で定める条件以上のことを定めなければならないと同時に、法令に違反する事項を定めても、その部分は無効となってしまいます。

労働協約、就業規則、労働契約と法令の優先順位（規範的関係）は、次の通りです。

①労働基準法13条

労働基準法に定める基準に達しない労働条件を定める労働契約は、その部分については無効。無効となった部分は、労働基準法で定める基準による。

②労働基準法92条

就業規則は、法令・労働協約に反してはならない。労働基準監督署は、法令・労働協約に抵触する就業規則の変更を命ずることができる。

③労働組合法16条

労働協約に定める労働条件その他の労働者の待遇に関する基準に違反する労働契約は、その部分については無効。無効となった部分は、労働協約に定める基準による。

④労働基準法93条・労働契約法12条

就業規則で定める基準に達しない労働条件を定める労働契約は、その部分については無効とする。無効となった部分は、就業規則で定める基準による。

2-3　就業規則の内容

　就業規則の記載事項は、労働基準法89条に定められており、必ず就業規則に記載しなければならない事項（絶対的必要記載事項）と、制度を定める場合には、就業規則への記載義務が生じる事項（相対的必要記載事項）があります。一般的な就業規則には、給与規程・退職金規程・育児介護休業規程・出張旅費規程などが附属しています。

　また、就業規則に定められている事項は、労働者が就業規則の内容を知っているか知らないかに拘わらず、また、個別的に同意をしているかいないかに拘わらず、労働者に対して適用され、労働者はこれに従う義務があります。

2-4　損害賠償予定の禁止と身元保証人
（1）損害賠償予定の禁止について

　使用者は、労働契約の不履行について、違約金を定める契約を行うことや損害賠償額を予定する契約をすることはできません（労働基準法

～就業規則の構成とその内容の一例

項　目	内　容
1章　総則（前文）	△制定趣旨　△経営理念
2章　採用および配置	△採用手続　△試用期間 ◎配置・異動・昇進
3章　労働時間および休憩時間	●始業・終業時刻　●休憩
4章　休日および休暇	●休日、●休暇、●交代勤務
5章　賃金および退職金	●賃金の決定・計算・支払方法・締切日・支払時期・昇給　◎退職手当（退職金）　◎賞与　◎旅費
6章　休職および退職	◎休職　●退職（解雇）
7章　服務規律	△就業上の遵守事項 △労働者たる身分にともなう遵守事項
8章　表彰および懲戒（制裁）	◎表彰　◎懲戒（制裁）
9章　福利厚生	◎食費　◎作業用品の労働者負担　△保養施設
10章　安全および衛生	◎安全衛生
11章　災害補償	◎労働災害　◎私傷病扶助
12章　諸　則	△紛争解決機関　△就業規則の解釈・適用　△施行

　●＝絶対的必要記載事項　◎＝相対的必要記載事項　△＝任意的記載事項
　※「服務規律」を2章の後に置く構成の就業規則もよくみかけます。

16条）。もっとも、この規定は、実際の損害賠償の具体的金額を予定することを禁止しているのであって、損害賠償を予定すること自体までを、違法としている訳ではありません。野村證券留学費用返還請求事件[3]（平成14年東京地裁判決）に代表されるように、社費留学などの是非について、損害賠償額の予定なのか、金銭消費貸借契約なのかが争われたケースがあります。

（2）身元保証人について

身元保証人を立てる身元保証契約とは、労働者が企業に与える一切の損害を、身元保証人が責任を負い（極度額あり）、企業に対して、その損害を賠償するという契約のことです。もっとも、予め損害賠償額を定めておくことは、労働基準法16条によりできませんが、身元保証人は、「身元保証ニ関スル法律」（昭和8年制定）によってルール化されたものです。その内容は、次の通りとなります。

①保証期間の制限

　　身元保証期間についての定めがない場合は3年、期間を定めるときでも5年を越えることはできない。

②身元保証人の責任軽減

　　企業側が、労働者側の管理監督に関して、過失があった場合には、身元保証人が負う責任の範囲は制限され、その程度も軽減される。なお、改正民法により、極度額の定めがなければ身元保証自体が無効となる。

③身元保証人の解除権

　　企業は、労働者の職務内容などに変化があった場合（営業部から経理部への職務転換などのケース）は、身元保証人に対して、直ちにその旨を通知しなければならない。この通知を受けて、身元保証人は、身元保証契約を解約することができる。

3. 賃金と法

3–1　賃金とは

　企業が労働者に対して賃金を支払うことは、労働契約上の重要な取り決めであり、労働者には、企業に対して賃金の支払いを請求する賃金請求権という権利があります。[4]

　労働基準法 11 条では、**賃金**を「賃金、給料、手当、賞与その他名称の如何を問わず、労働の対償として企業が労働者に支払う全てのものをいう」と定めています。要するに、労働の対象、つまり対価であって、企業により支払われる二つの要素を充たして、労働者に支払われるものが賃金なのです。

　大企業などで実施されている住宅購入費の利子補給や学資資金の貸付は、労働者の福利厚生として支給されるものであり、出張旅費は業務費であり何れも賃金には該当しません。結婚祝金や病気見舞金などについても、恩恵的給付であり同様なのですが、こちらは予め支給条件が就業規則に明記されていれば賃金として取り扱われます。[5]

　また、本来的に労働者に支払っている通勤手当や通勤定期券についても、支給条件が示されていれば、賃金となります。

3–2　賃金支払いの法的規制

　労働基準法 24 条は、賃金の支払いについて規制しており、これが**賃金支払いの 5 原則**といわれているものです。詳細は、次頁の表の通りですが、其々に例外があります。

3–3　最低賃金

　最低賃金法が定めている最低賃金については、第 6 講「求人票」で説明しています。

	原則	例外
①通貨支払いの原則	賃金は通貨で支払わなければならない	※通貨は日本円限定 ※労働者との合意により金融機関振込みできる ※労働協約によれば現物支給(通勤定期券など)も可能
②直接払いの原則	賃金は直接労働者に支払わなければならない	※代理人や賃金債権の譲受人への支払いは禁止 但し、家族が使者として受け取るのは適法
③全額払いの原則	賃金は所定の全額を支払わなければならない	※社会保険料や所得税等の税金を控除することは適法
④毎月1回以上の支払いの原則	賃金は毎月1回以上支払わなければならない	※年俸制の場合も12分割し毎月1回支払わなければならない
⑤一定期日払いの原則	賃金は一定期日(支払日)を特定して支払わなければならない	※例えば第3週の金曜日などは、支払日が特定されないので不可

3–4 賃金の構成

賃金の構成については、第6講「求人票」で説明しています。

3–5 その他の賃金

（1）非常時払いと出来高払い

賃金は一定期日払いが原則ですが、非常時の場合には、労働者の収入で暮らしている家族などが、出産、疾病、災害、結婚や、急な事情で1週間以上の帰郷するような際で現金が必要になった場合には、**非常時払い**（労働基準法25条）として、企業は、労働者から請求があれば、既往労働分の賃金を支払い日前でも支払わなければなりません。

また、タクシー運転手のように、お客さんの乗車距離によって収入が決まるような実績給制のような場合には、出来高払い制の保障給制度（労働基準法27条）として、その条件で使用されている限り、業績が無くても労働している以上は、賃金でその生活が支えられていることに鑑み、労働時間に応じて、平均賃金の6割を目安とした一定額を保障（最低賃

金額以上）することが定められています。

（2）休業手当（労働基準法 26 条）

　経年劣化による作業機械の故障による工場操業の停止や、新型コロナ災禍で労働者の家族が罹患したことにより労働者を休業させるなど、企業の責めに帰すべき事由で休業するような場合には、企業は自らに故意や過失がなくても、その休業期間中においては、労働者に対して平均賃金の 60% 以上の**休業手当**を支払わなければなりません。なお、地震や台風に基づく休業のような場合は経営管理上の障害とはされていません。

3−6　給与明細書の交付

　労働基準法には、給与明細書の交付の定めはありません。個人経営などの事業主を中心にその交付を不要と思い込んでいる節がありますが、これは大きな勘違いです。確かに労働基準法には明文規定はありませんが、所得税法では、給与を支払う者は、給与の支払を受ける者に対して、支払明細書を交付しなければならないと定めています。よって結局のところ、企業には給与を支払う際に労働者に対して給与明細書を交付する義務が生じるのです。なお、給与明細書を交付しない場合には、所得税法の罰則が適用されることになります。もっとも、1 日完結型のアルバイトや所得税がかからない程度の収入レベル（103 万円）のような場合には、この適用は除外されます。

　給与の振込先について。前述の通貨払いの原則の例外措置です。厚生労働省令は、賃金の支払いについて、「確実な支払いの方法で命令によって定めるものによる場合」には通貨以外の支払い方法として、労働者の同意、労働者が指定する預貯金口座、給与支払日に引き出せる状態にしておくことを条件に金融機関への振り込みを可能としています。

　このようなことを根拠として、労働者が指定する本人口座が絶対的なものとなっており、併せて労働者の便に供するため行政指導によって、

「取扱金融機関等を一つに限定せず、複数等になるように配慮すること」とされており、振込手数料の徴収も許されていません。

4. 労働時間と法

4-1　労働時間

　労働時間とは、労働基準法では、企業の指揮命令下で労働者が業務に従事する時間のことであり、客観的に企業の指揮命令下に置かれている時間であれば、作業のために待機しているような時間（手待時間）でも労働時間とされており、始業時刻から終業時刻までの時間から、休憩時間を除いた時間のことです。労働時間には、**法定労働時間、所定労働時間、実労働時間**という概念があります。詳しくは、第6講「求人票」で説明しています。

　変形労働時間制とは、法定労働時間の例外にあたり、一定期間を平均して労働時間を計算し、平均労働時間が、法定時間内ならば適法とする制度です。「1カ月単位の変形労働時間制」「フレックスタイム制」「1年単位の変形労働時間制」「1週間単位の非定型的変形労働時間制」の4種類が労働基準法で定められています。

　よく利用されているのは、**1カ月単位の変形労働時間制**（労働基準法32条の2）です。これは、就業規則又は労使協定により、1カ月以内の一定期間を平均して、1週間あたりの所定労働時間を、法定労働時間（40時間）の範囲内とする旨を定めた場合には、特定の日・週（例えば、月初・月末など）について、1日及び1週間の法定労働時間を超えて、企業は労働者に対して、労働をさせることができます。なお、労使協定による場合には、労働基準監督署に届出る必要があります。

　また、**フレックスタイム制**（労働基準法32条の3）[13]も、昨今の働き方改革の風を受けて広まっています。こちらは、清算期間（3カ月以内の

一定期間）を平均して、1週間あたりの所定労働時間を、法定労働時間の範囲内になるように、総労働時間を定めます。労働者は、その範囲内で、各日の始業・終業時刻を自主的に選択して労働をすることができる制度です。他にも、事業所外で業務に従事した場合であって、労働時間の算定が困難なときに対応できる「事業所外労働」（労働基準法38条の2）などの、一定の労働時間を労働したものとみなしてしまう、みなし労働時間制という制度もあります。

4-2　シフト勤務

　飲食店などのアルバイトの際によく耳にする**シフト勤務**は、法的には労働基準法32条の2「1カ月単位の変形労働時間制」、又は32条の4「1年単位の変形労働時間制」に規定する変形労働時間制の要素を取り込んだ位置付けにありますが、実は法律用語ではありません。厚生労働省は、シフト勤務を、「勤務時間がある特定の時間及び日に固定されるものではなく、日ごと又は一定期間ごとに、複数の勤務時間を交替して勤務する形態」と定義しています。交替勤務の一類型でもあることから、企業には労働条件の書面を労働者に交付し明示する義務があります（労働基準法15条）。

　シフト勤務の実施は変形労働時間制として、行政通達でその詳細[14]が定められており、事業所ごとに就業規則や労使協定で対象となる労働者の範囲や労働日ごとの労働時間、期間などを定めるとともに、労働基準監督署への届出が必要となります。各変形期間中の労働日や各日の労働時間が不規則な場合には、勤務日時を**シフト表**などによって各変形期間の開始日前までに、具体的に特定することも求められており、この点は法的にも厳しく管理される事項です。また、シフト勤務を**労働者の同意**なくして削減するようなことは、企業側の事情となり休業手当の支払義務が生じることにもなります。更にシフト勤務を過重にさせるようなこ

とがあれば、例え労働者の同意があったとしても健康障害リスクが発生することから、労働契約法の安全配慮義務[15]に反する恐れがあり、逆に同意がなければ労働基準法 15 条の強制労働の禁止に問われます。

4−3　休憩・休日

（1）休憩時間

　休憩時間とは、労働者が労働時間の途中に認められている休息をとるため労働から解放される時間のことです（労働基準法 34 条）。企業は、労働時間が 6 時間を超え 8 時間以内の場合は**少なくとも 45 分**、労働時間が 8 時間を超える場合は**少なくとも 1 時間**の休憩時間を、労働時間の途中（一部でも）に与えなければならないことから、終業時直前にまとめての休憩などは許されません。休憩時間の利用については、事業場外に出向くことは就業規則で許可制にすることは適法で、休憩中に、スマートフォンを閲覧していることや、イヤホンで音楽を聴いている、友人と穏やかに会話を楽しんでいるなどのことも、常識的な範囲内で原則業務遂行に支障がない限りであれば、時間内の自由利用として咎められることはないでしょう。これらは休憩時間の**自由利用の原則**と呼ばれています。

（2）休日と振替休日・代休

　休日についての詳細は、第 6 講「求人票」で説明しています。したがって、ここでは、よく混同される振替休日と代休について取り上げますので、ポイントを押さえておいて下さい。

　　①振替休日について

　　　振替休日は、就業規則の規定に基づき、予め休日と定められていた日と他の労働日を振替、休日として定められていた日を労働日とし、その代わりとして、振り替えた日を休日とすることです。振替後も 1 週間に 1 日又は、4 週間に 4 日の休日を確保すること

が必要です。この結果、当初の休日は、そもそも労働日となるので、この日に労働をしても休日労働とはなりません。

②代休について

　代休（代償休日の略）は、休日に労働し、その代償として、その日以降の特定労働日の労働義務を免除するものです。したがって、休日に労働をした事実は無くならず、特に法定休日では、3割5分以上の割増賃金を支払う必要があります。

（3）法定休暇と特別休暇

　休暇には、労働基準法や育児介護休業法などの法律で定められている法定休暇と企業が独自に設けて就業規則にその内容を定める特別休暇[16]があります。特別休暇には、慶弔休暇やボランティア休暇などがあり、これらは有給無給や現物の提供などその詳細は就業規則の定めるところに拠ることになっています。

4-4　年次有給休暇

（1）年次有給休暇

　年次有給休暇については、第6講「求人票」のところで詳しく説明しています。ここでは、年次有給休暇の**消滅時効**について説明します。消滅時効とは、権利を行使しなければその権利がなくなってしまうという民法に定めるルールです。年次有給休暇は、その取得可能となった時点から起算して2年で消滅時効になることから、職場などでは、「年休は2年でなくなる」とよく耳にすることになります。うっかりして権利が消滅しないように注意が必要ですね。

（2）時季変更権

　企業は、労働者が、業務繁盛期などに年次有給休暇の取得請求をしたとしても、事業の正常な運営を妨げる場合には、時季変更権を行使することで、他の時季に変更することが認められています（労働基準法39条）。

事業の正常な運営を妨げる場合とは、どのような場合であろうか。裁判例では、「当該企業の規模や事業内容、年休を請求した労働者の配置、担当業務の内容や性質、業務の忙しさ、本人に代わって業務につく者を配置することの難易、時季を同じくして請求した労働者の人数など、諸般の事情を考慮して、客観的かつ合理的に判断される」（東亜紡績事件）[17] として、事業の正常な運営を妨げる事案を具体的に列挙しています。一方では「恒常的な人員不足で常時代替勤務者を確保することが困難な事業場においては、たとえ労働者の年休取得によって業務の一部ができなくなる恐れがあったとしても、『事業の正常な運営を妨げる場合』にあたるとは解されない」（西日本ジェイアールバス事件）[18] として、人員不足の結果年休権が消滅してしまったことに対して、企業の債務不履行を認めて、労働者に対しての精神的損害の賠償を命じているものもあります。他にも年次有給休暇の時季指定が特定の日に集中した場合の判例にも留意が必要です。[19]

4-5　時間外労働手当と未払い賃金

　時間外労働手当（残業代）については、第6講「求人票」で詳しく説明しています。したがってここでは、未払い賃金について説明することにします。未払い賃金は違法行為ですが、その多くは時間外労働手当を巡るものであり、名ばかり管理職と共にブラックな話題です。

　未払いの賃金の問題は、残業したのに、労働基準法で定められている時間外労働手当が支払われないということです。世間ではサービス残業などとお人好しな呼ばれ方がされていますが、法令で定める必要な賃金が未払いなのですから、労働基準法37条違反[20] となる立派な犯罪行為なのです。平たくいうと「他人のお金を奪う泥棒」なのです。

　したがって、「残業したのに残業の賃金が出なかった」などは、いわゆる生活残業と呼ばれているような労働者が残業代目当てで勝手に居残

りしているような場合には、法令適用の残業²¹ではありませんが、適正な残業であれば当然に残業代は支払われます。それを行わない企業は、罰則が適用されるだけに留まらず、悪質な場合には付加金²²も加算されることもあるし、場合によっては労働基準監督官に司法警察権を行使され逮捕²³されることもあります。

厚生労働省は、巷間でよく使われている「サービス残業」では言葉がソフトであり罪の意識が薄くなることから、「賃金不払残業²⁴」と呼ぶことで、コンプライアンスに背く法令違反行為であるとの意識の醸成に努めています。

名ばかり管理職の問題について。企業において、一般的にいわれている管理職とは、就業規則で企業がオリジナリティに規定している管理職のことであり、こちらを「就業規則に定める管理職」と呼んでいます。時間外労働手当（深夜時間外労働の手当を除く）に係る労働時間管理の適用対象外²⁵とされていて、企業が残業代を支払う義務のない管理職とは、労働基準法 41 条 2 号に該当する**管理監督者**のことです。こちらは「労働基準法上の管理職」（労働基準法 41 条に規定された管理監督者）と呼んでいます。部長や課長などの職名に拘わらず、行政通達²⁶では、①重要な職務内容と責任権限、②時間規制になじまない勤務態様、③地位に相応しい賃金等の処遇を基準として実態に照らして判断されます。

このように二つの管理職は、法的位置付けでは似て非なる別物なのです。したがって、後者の管理職に対しては、企業は残業代の支払い義務があるのに管理職だから不要だとされるのは、いわゆる**名ばかり管理職**の問題たる違法行為です。このように、就業規則に定める管理職には、一般労働者と同様に時間外労働手当が支払われます。

名ばかり管理職の問題について。裁判例としては、「銀行の支店長代理の地位にあり、役席手当が支払われていたとしても、部下の労働に関与することが少なく、逆に自己の労働時間が管理されているような労働

者は、労働基準法上の管理監督者とはいえない。」（静岡銀行事件[27]）と
された事案。また、マスコミが大きく取り上げて飲食業の実態が社会問
題化した大手フードショップ店長が労働基準法の管理監督者か否かが争
われた事案があります。裁判所は、「①職務内容、権限および責任、②
勤務態様、③給与水準の視点から判断すべきとした。店長が当該企業
全体の経営方針等の決定過程に関与している事実がないこと、労働時間
に関する自由裁量性があったとはいえないこと、および賃金は下位職位
より低く十分ではないこと、権限もアルバイトの一部の者の雇用決定が
あるだけでは管理監督者ではない。」と判示しています（日本マクドナ
ルド事件[28]）。

4–6　勤務間インターバル制度

　この制度は、労働者の長時間労働による健康障害の回避を目的に、生
活時間や睡眠時間を確保するべく、前日の終業時刻と翌日の始業時刻の
間に一定時間の休息を確保するものです。2018年7月の労働時間等設
定改善法の改正により、新しく設けられた制度[29]です。もっともこの制
度に法的拘束力がないためその普及は緩慢ですが、毎年徐々には伸びて
はいます[30]。

5.　退職と解雇

5–1　退職と解雇について

　労働契約の終了は、その終了の意思表示の仕方などに着眼して色々な
説がありますが、本講では大きく捉えて、合意解約、辞職、退職、解雇
に区別して説明します。
　合意解約は、当事者双方が合意して労働契約を終了することです。
　退職は、労働者からの一方的な労働契約の解除で、辞職とも呼ばれて

おり、期間の定めのない労働契約を締結している者が、一定の年齢に達した時点で労働契約が終了することは**定年**と呼んでいます。労働者はいつでも労働契約の解除を申し入れることができて、申し入れ日から2週間が経過すると民法627条の規定により労働契約が終了します[31]。[32]

　解雇は、企業の方から一方的な労働契約の解除がなされる場合のことです。解雇する際には、少なくとも30日前に解雇予告を行わなければならず、予告を行わない場合は、平均賃金の30日相当分の解雇予告手当を支払うことになっています（労働基準法20条）[33]。もっともその解雇が、客観的に合理的な理由を欠き、社会通念上相当と認められない場合は、無効となりますが、これは、判例法理が明文化された労働契約法16条の定めです[34]。

　この他にも、次表のように解雇が法定で制約されている場合があります。

労働基準法	①業務上災害のため療養中の期間とその後の30日間の解雇 ②産前産後の休業期間とその後の30日間の解雇 ③労働基準監督署に申告したことを理由とする解雇
労働組合法	④労働組合の組合員であることなどを理由とする解雇
男女雇用機会均等法	⑤労働者の性別を理由とする解雇 ⑥女性労働者が結婚・妊娠・出産・産前産後の休業を理由とする解雇
育児介護休業法	⑦労働者が育児介護休業等の申し出、又は休業した等を理由とする解雇

5−2　整理解雇

　企業の経営環境の悪化などによって行われる整理解雇については、東洋酸素事件[35]など裁判事例で方向性が固まっています。いわゆる**整理解雇の四要件**と呼ばれている判例法理です。これは、次の判示四要件を全て充たさないと解雇はできないとされています。

・整理解雇の必要性（会社の存続のためにその必要性が存在するか）
・解雇回避の努力（新規採用中止・希望退職募集などを既に実施したか）

- 整理解雇基準と人選の合理性（合理的かつ公平な基準に基づいた合理的な運用か）
- 労働者との充分な協議（労働組合や労働者に対して誠意ある協議を行ったかなど）

　この四要件のうちでは、最高裁があさひ保育園事件[36]で判示した「労働者と充分な協議」がなされているのかが、最も重視されています。2000年代初頭では、この四要件が、ナショナル・ウエストミンスター銀行仮処分事件[37]などで判示されたように、絶対的なものではなく、幾つかの組み合わせにより総合考慮による判断とする裁判傾向が、東京地裁で幾つか続いて「四要素」と呼ばれたこともありましたが、近年再び四要件回帰の状況にあります。

5-3　退職の申し出

　退職時の会社承認の必要性は、労働基準法5条で強制労働を禁止し、同法14条で契約上限3年と定めている趣旨に鑑みて否定されています（高野メリヤス事件[38]）。したがって、いつでも解約の申し出ができるのが基本ですが、改正前の民法では、退職の効力は、民法627条1項で、時間給の者などには、「解約の申入日から2週間を経過することによって終了」するとされており、月給者については2項で「給与計算期間の前半に申し入れたときは、次期の初日に退職の効力が発生する」とされていました。改正後は、労働者側からの解約の申し出については、改正民法627条1項が適用され、2項については、使用者側からの解約の申し出についてのみ適用されることになりました。したがって、労働者が辞めたい場合には、2週間前にその旨を意思表示すれば退職の効力が生じることになります。また、労働者からの退職願（届）が受諾されてしまえば合意解約となり、それ以後の撤回はできないとされています（八幡製鉄事件[39]）。

〈注〉

1　特別法とは、適用対象が一般法より特定されている法のこと。一般法はその分野に対して一般的に適用される法で、特別法が無い限りそのまま適用される。よく「特別法は一般法に優先する」といわれる。特別法の適用を受ける事象は一般法の規範が排除されて特別法の規範が適用される。

2　労使関係法・雇用関係法・労働市場法などの呼び方で分類する場合もある。

3　野村證券留学費用返還請求事件：東京地判平成14年4月16日労判827号40頁

4　民法624条1項。労働者が使用者の指揮命令権に従って労働を行った場合には、民法415条の「債務の本旨」に従った履行として、賃金請求権を得ることになる。なお、債務の本旨とは、債務の本来の目的のことであり、平たく言えば、「やらなければいけないことを、誠実に確りとやること」ということである。

5　労働基準法上の賃金に見做されるが、社会保険の対象となる給与（報酬）とは見做されない。法律によって、賃金、給与と見做される範囲が異なる。

6　経営管理上の障害としての休業。

7　雨天等による休業の場合についても、それが自然現象によるものであるという理由のみで一律に不可抗力による休業とみなすべきものではなく、客観的にみて通常使用者として行うべき最善の努力をつくしても、なお、就業させることが不可能であったか否か等につき当該事案の諸事情を総合勘案の上、使用者の責めに帰すべき事由による休業であるか否かを判断すべきものである。（昭和41年6月21日 基発630号）

8　厚生労働省ホームページ「労働条件・職場環境に関するルール」参照。

9　これらの他にも、健康保険法、厚生年金保険法、及び労働保険徴収法において、給与からこれらの労働・社会保険が差し引かれた際には計算書の発行が義務付けられている。

10　所得税法により、1年以下の懲役又は50万円以下の罰金となる可能性がある。（所得税法231条、242条）。

11　労働基準法施行規則7条の2第1項1号「労働者が指定する銀行その他の金融機関に対する労働者の預貯金への振込みによる方法」に規定する。

12　労働基準局長の行政通達（平成10年9月10日基発530号、平成13年2月2日基発54号）。「振り込まれた賃金は、所定の賃金支払日の午前10時頃までに払い出しが可能となっていること。」「取扱金融機関は、一つの金融機関に限定せず複数とする等の労働者の便宜に十分配慮して定めること。」などとの指導がなされている。

13　この制度の採用には、まず就業規則に、始業・終業時刻を労働者が自主的に選択できる旨を記載した上で、労使協定により、対象労働者の範囲・清算期間とその期間内の総労働時間・1日の標準労働時間などを取り決める。

14 労働基準局長通達、「勤務ダイヤによる一箇月単位の変形労働時間制を採用する場合、各人ごとに、各日、各週の労働時間を就業規則においてできる限り具体的に特定すべきものであるが、業務の実態から月ごとに勤務制を作成する必要がある場合には、就業規則において各直勤務の始業終業時刻、各直勤務の組合せの考え方、勤務割表の作成手続及びその周知方法等を定めておき、それにしたがって各日ごとの勤務割は、変形期間の開始前までに具体的に特定することで足りる。」(昭和 63 年 3 月 14 日基発 150 号)

15 労働契約法 5 条「使用者は、労働契約に伴い、労働者がその生命、身体等の安全を確保しつつ労働することができるよう、必要な配慮をするものとする。」

16 労働基準法が定める年次有給休暇や、いわゆる生理休暇（生理日の就業が著しく困難な女性に対する休暇）、育児介護休業法に定める育児休業や介護休業が該当する。

17 東亜紡績事件：大阪地判昭和 33 年 4 月 10 日労民集 9 巻 2 号 207 頁

18 西日本ジェイアールバス事件：名古屋高裁金沢支判　平成 10 年 3 月 16 日労判 738 号 32 頁

19 「特定の日に複数の労働者からの時季指定が競合し、そのいずれかにつき時季変更権を行使せざるを得ないという事情が客観的に存する場合に、どの者について時季変更権を行使するかは、使用者の裁量により決することができる」(岡山津山郵便局事件：岡山地裁昭和 55 年 11 月 26 日判時 1003 号 126 頁)

20 労働基準法 119 条の定めにより「6 箇月以下の懲役又は 30 万円以下の罰金」に処せられる。

21 時間外労働が認められる要件として、上長の事前承認（やむを得ない場合は事後速やかに）が必要とされている。

22 労働基準法 114 条に規定されており、解雇予告手当・休業手当・割増賃金等を支払わない事業主に対して、裁判所が労働者の請求に基づき、それら未払金に加えて支払いを命ずる金銭のこと。

23 東京都の社会福祉法人理事長が逮捕された際は、労働基準監督官が被疑者に手錠を掛けたこともある。

24 「賃金不払残業の解消を図るために講ずべき措置等に関する指針」平 15・5・23 基発 0523004 号。この指針では、労働時間適正把握のガイドラインの遵守、職場の風土改革、適正な労働時間管理体制の整備に努めていくことを求めている。

25 厚生労働省は働き方改革法により、一般の従業員と労働内容が実質的に変わらない管理職の過重労働抑制を目的として、2019 年 4 月から管理監督者の労働時間の把握を企業の義務とした。時間管理の対象となる管理監督者は全国で約 144 万人、全労働者の約 2％。なお、働き方改革法（働き方改革関連法とも呼ばれている）とは、労働基準法、労働安全衛生法、労働時間等設定改善法、労働者派遣法、パート労働法（当時）、労働契約法、じん肺法、雇用対策法（当時）の八つの法律で構成。2019 年 4 月から施行。

26 行政通達昭 22・9・13 発基 17 号、昭 63・3・14 発基 150 号。

27 静岡銀行事件：静岡地判昭和 53 年 3 月 28 日民集 29 巻 3 号 273 頁

28 日本マクドナルド事件：東京地判平成 20 年 1 月 28 日労判 953 号 10 頁

29 労働時間等の設定の改善に関する特例措置法（労働時間等設定改善法）4 条の定めを根拠に設けられた、労働時間等設定改善指針に拠る。

30 厚生労働省「平成 31 年就労条件総合調査」によれば、「導入している」企業は 3.7%。2017 年 1.4%、2018 年 1.8%。

31 民法 627 条①「当事者が雇用の期間を定めなかったときは、各当事者は、いつでも解約の申入れをすることができる。この場合において、雇用は、解約の申入れの日から 2 週間を経過することによって終了する。」 ②「期間によって報酬を定めた場合には、使用者からの解約の申入れは、次期以後についてすることができる。但し、その解約の申入れは、当期の前半にしなければならない。」 ③「6 箇月以上の期間によって報酬を定めた場合には、前項の解約の申入れは、3 箇月前にしなければならない。」

32 退職時の会社承認の必要性は、労働基準法 5 条で強制労働を禁止し、同法 14 条で契約上限 3 年と定めている趣旨に鑑みて、否定される。（高野メリヤス事件：後述注釈）よって、労働者はいつでも解約の申し出ができるが、退職の効力は、民法 627 条 1 項の定めるところに拠る。

33 予告の日数が 30 日に満たない場合の解雇予告手当は、当該不足日数分の平均賃金を支払わなければならない。労働者が解雇の理由について証明書を請求した場合には、会社は直ぐに労働者に証明書を交付しなければならない（労働基準法 22 条）。

34 労働契約法 16 条「解雇は、客観的に合理的な理由を欠き、社会通念上相当であると認められる場合は、その権利を濫用したものとして、無効とする。」

35 東洋酸素事件：東京高判昭和 54 年 10 月 29 日労判 330 号 71 頁

36 あさひ保育園事件：最高裁 1 小判昭和 58 年 10 月 27 日労判 427 号 63 頁

37 ナショナル・ウエストミンスター銀行 3 次仮処分事件：東京地決平成 12 年 1 月 21 日労判 782 号 23 頁

38　高野メリヤス事件：東京地判昭和 51 年 10 月 29 日判時 841 号 102 頁
39　八幡製鉄事件：最 1 小判昭和 36 年 4 月 27 日民集 24 巻 6 号 625 頁

〈参考文献〉

野田進　『事例判例労働法（第 2 版）』　弘文堂　2013 年

西谷敏　『労働法（第 3 版）』　日本評論社　2020 年

高橋賢司　『労働法講義（第 2 版）』　中央経済社　2018 年

水町勇一郎　『労働法（第 8 版）』　有斐閣　2020 年

水町勇一郎　『詳解 労働法』　東京大学出版会　2019 年

高橋賢司・橋本陽子・本条淳志　『テキストブック労働法』　2020 年

岡崎淳一　『実務のための労働法制度』　日本経済新聞出版　2020 年

中川直毅編　『要説 キャリアとワークルール（第 3 版）』　三恵社　2021 年

中川直毅　『精選 日本国憲法論 14 講』　三恵社　2020 年

公益社団法人全国労働基準関係団体連合会　『改訂 7 版 労働関係法の要点』　公益社団法
　　　人全基連　2021 年

小畑史子・緒方桂子・竹内（奥野）寿　『労働法（第 3 版）』　有斐閣　2019 年

1．母性の保護

1-1　母性保護

（1）労働基準法では、母性保護を目的として、妊産婦に係る女性労働[1]者の保護規定を設けており、禁止事項と請求による事項があります。また、坑内労働や危険有害業務の就業制限などについての定めもあります。

　　◇禁止事項

　　　・妊娠、出産、産前産後休業の取得や申し出を理由とした減給や解雇などの不利益な取扱いを禁止しています[2]。

　　◇請求により取得できる事項

　　　・妊産婦からの請求により、時間外労働・深夜労働・休日労働が禁止され、変形労働時間制の適用の制限（労働基準法66条）。

　　　・妊娠中の女性からの請求により、他の軽易な業務への転換を図る[3]（労働基準法65条）。

（2）育児時間

　生後満1年未満の子を育てる女性労働者には、通常の休憩時間以外に、1日2回、各々少なくとも30分の育児時間を請求することができ、授乳などの時間に充てることができます（労働基準法67条）。

（3）母性健康管理

　男女雇用機会均等法12条及び13条により、妊産婦が母子保健法の規定による健康診査や保健指導を受ける際にはその時間確保や、保健指導等による指導事項遵守のための勤務時間変更や勤務負荷の軽減など措置を講じることが企業に義務付けられています（詳細後述）。

1-2　産前産後休暇

　企業は、6 週間（多胎妊娠の場合は 14 週間以内）に出産する予定の女性労働者が休業を請求した場合には、その者を就業させてはいけません。また、産後 8 週間を経過しない女性労働者も就業させることはできません。後者は請求がなくても就業禁止となっています。もっとも、産後 6 週間を経過して請求がある場合には、その者について医師が支障ないと認めた業務に就かせることは差し支えないとしています（労働基準法 65 条）。

1-3　生理休暇

　生理日の就業が著しく困難な女性労働者が休暇を請求したときは、その女性労働者を生理日に就業させてはならないとしています。企業は就業規則などでその日数を制限してはなりません。但し、その日数を必ずしも有給にする必要はありません[4]（労働基準法 68 条）。

1-4　母性健康管理措置

　母性健康管理措置は、従来から、保健指導・健康診査の受診時間確保や、妊娠中の時差出勤などの、妊娠中・出産後の健康管理に関する措置を企業の義務とされていましたが、トラブルも多いことから、2006 年改正でペナルティが強化されました。当該措置を行わず、是正指導にも従わない場合には、**企業名公表**の措置が課せられています。

　男女雇用機会均等法 12 条では、企業に対して、女性労働者が母子保健法 13 条に基づく妊産婦検診を受診するための通院時間の確保を義務付けています。

　①妊娠中

　　　妊娠 23 週まで⇒ 4 週に 1 回／妊娠 24 週から 35 週まで⇒ 2 週に 1 回／妊娠 36 週から出産まで⇒ 1 週に 1 回。但し、医師又は

助産師がこれと異なる指示をしたときは、その指示により、必要な時間を確保できるようにすること。

②出産後

出産後1年以内にあっては、医師又は助産師の指示により、必要な時間を確保することが出来るようにすること。なお、妊娠中の妊婦健康診査については、市町村が行う公費助成があります。[5]

1-5 出産手当金・出産一時金

　健康保険法では、出産のために仕事を休んだ場合に賃金の補填としての**出産手当金**が、また出産に係る費用の補助として**出産一時金**が給付されます。

　出産手当金は、出産の日以前42日（多胎妊娠の場合は98日）から出産の日以後56日までの間、休業1日あたり、標準報酬日額[6]の3分の2相当額が支給されます。

　出産一時金は、通常分娩が健康保険の保険診察とならず自費となることからその経済的負担の軽減を目的としていますが、女性労働者本人（健康保険法では被保険者という）かその被扶養者である家族が妊娠4カ月以後（妊娠85日以後）に出産したときは、一児につき42万円が支給されます。但し、産科医療保障制度に未加入の保険医療機関で出産した場合は40万4,000円となります。なお、出産手当金は、健康保険法が適用される方に限った給付となりますが、出産一時金については、国民健康保険の被保険者にも支給額は違いますが支払われます。

2. 育児休業

2-1 育児休業の制定

　育児休業は、ILO[7]の勧告を契機として、女性労働者の増加や社会的要

請の高まりをも背景に、1991 年に育児休業法として制定され、1995 年に介護休業制度も導入され、育児介護休業法として、「職業生活と家庭生活の両立」を図るための制度化が図られましたが、この制度には、**家族的責任の男女平等化**の目的と**少子化対策**という目的の二つの使命があります。もっとも、育児休業制度の真の目的は、出生率の著しい低下という状況の下で、次世代育成のための有力な対策としての位置付けが濃厚なものと考えられます。

【育児介護休業法の主な改正】

平成 3 年	ILO165 号勧告（男女労働者が平等に家族的責任を負担する就労条件を整備する義務を課す）の批准を契機に、育児休業法を制定
平成 7 年	高齢社会の到来に対処する制度として介護休業制度が考案され、介護保険制度と連動する形で導入、家族介護についての事業主の努力義務を規定
平成 11 年	介護休業制度も導入され、法律名称が「育児介護休業法」に改称
平成 13 年	事業主の義務が強化
平成 16 年	育児休業の対象拡大、子の看護休暇の新設
平成 22 年	男性の育児休業の取得促進を目指して、いわゆる「パパママ育休プラス」を新設
平成 27 年	介護休業の各種制度が育児休業に準ずるレベルに改正された
平成 29 年	育児休業の 2 歳までの再延長が可能となるよう改正された

　また、近時では、男性の育児休業の取得促進への取り組み強化がなされています。なお、令和 3 年 6 月には、男性の育児休業取得を促進するため、「子供が生まれてから 8 週の間に、夫が最大合計 4 週分の休暇取得できる特例措置たる**出生時育児休業制度**（男性版産休）を新設する法改正案が国会で可決されています。

2-2　育児休業

（1）1 歳未満の子を養育する労働者は男女を問わず、仕事を継続しながら育児を行えるよう、企業に対して育児休業の申し出をすることがで

きます。原則として、子が1歳に達する日（誕生日の前日）まで取得することができます。ここでの養育する子とは、実子、養子は勿論、特別養子縁組の監護期間中の子も該当します。

　企業は、当該申し出を拒否できませんが、日雇労働者は対象外であること以外にも、次のような労働者については、一定の制限があります。

　　①有期雇用労働者は、同一企業に1年以上雇用され、子が1歳6カ月に達するまでに労働契約の期間が満了することが明らかでない。

　　②事業場の過半数労働組合（過半数代表者）との書面での労使協定により、次の何れかに該当する労働者を対象外とすることができる。

　　　　ⅰ）雇用された期間が1年未満の者

　　　　ⅱ）1年以内に労働契約が終了することが明らかな者

　　　　ⅲ）1週間の所定労働日数が2日以下の者

　また、育児休業の申し出や育児休業の取得を理由とした、労働者に対して解雇その他の不利益取扱いは禁じられています（育児介護休業法10条）。

（2）育児休業の期間

　育児休業の原則の期間は、子が1歳に達する日までの1年間です。しかしながら、例外として、子が1歳に達しても保育所に入れないなど特別の理由があれば、1歳6カ月又は最大2歳になるまで休業延長ができます。また、子の父母が同時に育児休業を取得する、又は交代で取得する場合には、いわゆる「パパママ育休プラス」として、子が1歳2カ月に達するまで休業延長することができます（育児介護休業法5条、9条）。

（3）育児休業の申し出は、休業開始予定日の1カ月前までにしなければなりません。但し1歳6カ月や2歳までの育児休業については、1歳に達する日の2週間前となります。この申し出は、会社所定の届出用紙

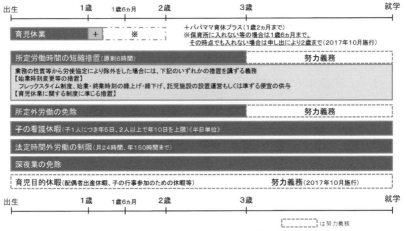

| | 出生 | 1歳 | 1歳6ヵ月 | 2歳 | 3歳 | 就学 |

出典：一般社団法人日本経済団体連合会「日本の労働経済事情 2019 年版」
経団連出版 2019 年　56頁『育児・介護休業法（1）仕事と育児の両立支援』を一部改編

以外でも、電子メールやFAXでも可能とされています。

（4）育児休業しない者への措置

　育児休業を取得しない者への措置としては、「育児を行う者の時間外、深夜業の制限」（育児介護休業法17条）、「育児を行う者の所定外労働の免除措置」（育児介護休業法16条の8）などがあるので、上図に一覧しました。

（5）育児休業の賃金等

　企業は、育児休業の期間を有給とする必要はありません（育児介護休業法6条）が、労働者には、雇用保険制度から、当該期間について育児休業給付金が支給されます。育児休業給付金は、休業開始から180日間は、休業開始前の賃金額の67%が、181日以降は50%が、原則として1年間支給される（雇用保険法61条の4）。また、育児休業期間中は、健康保険料及び厚生年金保険料は、労働者の被保険者負担分も企業のいわば会社負担分も両方免除されています。この免除期間中であっても、健康保険の各種給付を受給でき、厚生年金保険の加入期間としてもカウ

ントされます。

2-3　看護休暇

　育児介護休業法 16 条の 2 は、子の看護休暇を定めています。

　企業は、小学校就学前の始期に達するまでの子を養育する労働者から請求があった場合には、原則として、毎年 4 月 1 日から翌年 3 月 31 日までの間に **5 日を限度** として、負傷し、若しくは疾病に罹ったその子の世話又はその子の疾病予防のための世話等を行うための休暇を与えなければならないとされています。なお、この期間は必ずしも有給とはなりません。また法改正があり、従来の「1 日単位」及び「半日単位」の取得は、2021 年 4 月からは「1 日単位」及び「1 時間」単位で取得することが可能となっています。

2-4　マタニティハラスメント

　マタニティハラスメント（マタハラ）とは、働く女性が妊娠・出産・育児を切っ掛けとして、職場で精神的・肉体的な嫌がらせを受けることや、妊娠・出産・育児などを理由とした解雇や雇い止め、自主退職の強要による不利益を被るなどの不当な扱いのことです。マタハラは、流産や早産の危険性が高いともいわれ、被害の実態についても、世間によく知られている「セクハラ」よりも深刻なことから、マタハラの法律上の定義化と対策が急務でした。

　2016 年 3 月の男女雇用機会均等法及び育児介護休業法の改正により、マタハラの定義化の他、所要の改正が図られています。また同年 8 月には企業が雇用管理上講ずべき措置として、いわゆるマタハラ指針[11]が公布され、企業にはこれにそった措置義務が生じています。

〈注〉

1　労働基準法では、妊産婦の定義を「妊娠中の女性及び産後1年を経過しない女性」としている。また、出産は、「妊娠4箇月（1箇月は28日とする）以上の分娩とし、死産を含む」（昭和23.12.23 基発1885号）としている。

2　男女雇用機会均等法9条で、婚姻、妊娠、出産等を理由とする不利益な取扱いが禁止されている。

3　原則として女性が請求した業務に転換させる趣旨であり、新たに軽易な業務を創設して与える義務まで課したものではない。（昭和61.3.20 基発151号）

4　昭和23.6.11 基収1898号、昭和63.3.14 基発150号ほか

5　当該公費助成の金額等の内容は市町村によって異なっている。

6　標準報酬日額とは、直近12カ月の標準報酬月額の30分の1に相当する額。

7　国際労働機関。1919年に創設、世界の労働者の労働条件や生活水準の改善を目的とした国連最初の専門機関である。本部はジュネーブにあり、加盟国187か国。

8　当初の正式法律名称は、「育児休業等に関する法律」。その後に、「育児休業、介護休業等育児又は家族介護を行う労働者の福祉に関する法律」に改称された。

9　特別養子縁組とは、民法817条の2から817条の11に定められている、児童福祉のための養子縁組の制度のこと。諸般の事情で育てることができない子供を、家庭での養育を受けられるようにすることを目的としている。普通養子縁組の養子は、戸籍上は実親と養親の2組の親がいるが、特別養子縁組では、養親と養子の親子関係を重視し、戸籍では、養親の子となり実親との親族関係は消滅する。2020年施行の民法改正で、特別養子縁組の養子となる者の年齢上限が原則6歳未満から原則15歳未満に引き上げられた。

10　休業開始時賃金日額という。

11　マタハラ措置（厚生労働省指針）について。
　①事業主のマタハラ、育児休業等に関するハラスメント対策の方針の明確化、周知・啓発⇒i)マタハラの内容や、起こり得る背景、妊娠・出産に関する制度の明確化と周知・啓発について。ii)マタハラ行為者について、厳正に対処する旨の方針・対処の内容を就業規則等に規定化する。
　②マタハラ、育児休業等に関する相談（苦情を含む）に応じ、適切に対応するために必要な体制を整備⇒相談窓口の設置など。③マタハラ、育児休業等に関するハラスメントに係る事後の迅速かつ適切な対応その他⇒i)事実関係の迅速かつ正確な確認、被害者への配慮、行為者に対する措置、再発防止措置。ii)相談者・行為者等のプライバシー保護に関する措置と周知について。

〈参考文献〉

岡崎淳一 『実務のための労働法制度』 日本経済新聞出版 2020 年

水町勇一郎 『労働法（第 8 版）』 有斐閣 2020 年

公益社団法人全国労働基準関係団体連合会 『改訂 7 版 労働関係法の要点』 公益社団法
　　人全基連 2021 年

中川直毅編 『要説 キャリアとワークルール（第 3 版）』 三恵社 2021 年

岡田良則・桑原彰子 『育児介護休業の実務と手続（改訂 2 版）』 自由国民社 2020 年

黒田有志弥・柴田洋二郎・島村暁代他 『社会保障法』 有斐閣 2019 年

第**16**講 チャンスを活かしていく

1. 自走キャリアの形成

　本講では、スムーズなキャリア形成を図っていくためには、転機をどのように捉えていくか、そして何を学びどのようなスキルを備えておけばよいかなどを、実際の経験談を通じて学んでいきます。ここで取り上げるのは、大学実務家教員と経営コンサルタントで、巷間においては余り公然とは求人されておらず、これらの仕事に就く方法についてもベールに包まれ気味な職業です。

　皆さんは、このような事前の見本もない、余り知られていない職に就く術を知り、考察することで、「自ら考えて、応用したキャリア形成の計画を組み立てる」ことが可能となり、**自走的なキャリア形成**の実現への切っ掛けとなって、チャンスを確り掴み、転機として確立していく一助になればと思います。執筆者は、前者はその職業への就職希望者を紹介する立場に在る者が、後者はその職業に実際に就くことができた本人が、其々書き上げています。

2. 社会人から大学教員として勤める

2-1　大学教員への転機

　人生100年時代を迎え、組織に囚われない働き方が主流になりつつあります。また、副業や兼業を認める企業が増加しており、多くの方が一つ又は複数の組織に所属し、バランスよく複数の仕事をし、活躍されている方が増えています。そのような働き方の一つに**大学で教えること**

があります。皆さんがこれまでに培った経験、学ばれた知識を実務家教員として学生に伝えることは、素晴らしいことであり、やりがいもあります。

　では、大学教員以外の職業から大学教員になられた方は、どのような**「きっかけ」**で大学教員になられたのでしょうか。また、大学の教員になるためには、どのような条件があるのでしょうか。幼稚園から大学まで、世の中には様々な学校種、教員が存在します。幼稚園、小学校、中学校、高等学校、特別支援学校の教員になるためには、教育職員免許法に規定された「免許状」が学校種ごとに必要ですが、大学の教員に「免許状」はあるのでしょうか。次から、大学の教員になられた方の「きっかけ」と必要な資格についてお話ししていきます。

2-2　大学と他の学校の違い

　世の中には、様々な「学校」がありますが、学校教育法１条に「学校とは、幼稚園、小学校、中学校、義務教育学校、高等学校、中等教育学校、特別支援学校、大学及び高等専門学校とする。」と定義されています。これらの学校の中で、大学と他の学校には決定的な違いがあります。その違いは、大学以外の学校の目的が「教育」であることに対して、大学の目的は「教授研究」であることです。すなわち、大学は教育機関であり、かつ研究機関でもある訳です。

　文部科学省は、2005 年１月の中央教育審議会（以下、「中教審」という。）[1]の答申「我が国の高等教育の将来像」において、大学の機能を、①世界的研究・教育拠点。②高度専門職業人養成。③幅広い職業人養成。④総合的教養教育。⑤特定の専門的分野（芸術、体育等）の教育・研究。⑥地域の生涯学習機会の拠点。⑦社会貢献機能（地域貢献、産学官連携、国際交流等）の７つに分類し、これらの中から各大学が幾つかを選択する格好で、緩やかに機能分化させることとしていましたが、

一向に大学の機能別分化が進みませんでした。

そこで、2016年度以降、上記の7つの分類を、「①世界的研究・教育拠点。②高度な教養と専門性を備えた先導的な人材を養成する大学。③具体的な職業やスキルを意識した教育を行い、高い実務能力を備えた人材を養成する大学」の3つに再分類し、国立大学に選択を迫りました。その結果、現在では国立大学86校が、①16大学、②15大学、③55大学に分類されています。

私立大学については、明確な分類がされている訳ではありませんが、半数以上の大学が③具体の職業やスキルを意識した教育を行い、高い実務能力を備えた人材を養成する大学に分類されると思います。

では、大学における教育と研究のバランスはどのように考えればよいのでしょうか。一昔前は、研究には熱心に取り組むが、学生はほったらかしという大学教員をよく見かけました。しかし、多くの私立大学に求められていることは、職業やスキルを意識した教育を行い、高い実務能力を備えた人材を養成することですから、大学教員の主たるミッションは学生の教育であり、研究については学生の教育のために専門分野の研究をバランスよく行うことが重要なのではないかと思います。

2-3　大学教員の資格とは

大学の教員が他の学校の教員と決定的に違うのは、役職以外に職名というランクがあることです。例えば、小学校であれば、校長、教頭、主任という役職はありますが、他の教員にランクはありません。しかし大学の教員には、学長、副学長、学部長等の役職以外に教授、准教授、講師、助教、助手というランクが存在しています。

ところで皆さんは助教授という言葉をご存知でしょうか。現在の准教授という職位名は2005年から使用されているのですが、それ以前は助教授という職位名を使用していました。名称だけでなく、職の定義につ

いても助教授は「教授の職務を助けるもの」とされていたため、教授は堂々と助教授に対して自らの職務に関することを命じることができた訳です。このことは医学部等では特に顕著で教授→助教授→講師→助手の縦の関係は絶対であり、様々なハラスメントを引き起こす原因となっていました。また当時は講座制が一般的で助教授が非常に優秀な教育者・研究者であっても、その講座の教授が引退しない限り教授になれず、自らの方針で後進の指導にあたることができなかったのです。このような問題が中教審で取り上げられ、2005年1月の「我が国の高等教育の将来像について（答申）」を受けて大学設置基準が改正され、助教授の職位名が准教授になりました。併せて職務内容も「教授の知識・能力に準ずるもの」となり、学生を教授し研究に従事する点では同等となりました。

　それでは、大学の教員、教授、准教授、講師、助教になるために必要な条件はどのようなものでしょうか。結論から話しますと、大学教員になるための「免許状」はありません。但し、教員の資格要件については、大学設置基準14条から17条までに規定されています。要約すると次のようになります。

　　①博士の学位を有し専門分野の業績がある人
　　②大学が①の人と同等の業績があると認めた人
　　③専門職大学院を修了し、修士（専門職）、法務博士（専門職）又は教職修士（専門職）の学位を有し専門分野の業績がある人
　　④大学又は専門職大学で教授、准教授又は専任講師の職にあった人
　　⑤芸術、体育について、秀でた技能を持っている人
　　⑥専門分野について、特にすぐれた知識及び経験を有すると大学が認めた人

　博士の学位を持っていなくても、それと同等と大学が認めれば「可」。芸術、体育に優れた業績を有すると大学が認めれば「可」。専門分野について特に優れた知識・経験を有すると大学が認めれば「可」。即ち大

学が認める人であれば、大学教授になることができるということです。では、大学が認める「業績」「秀でた技能」「特に優れた知識・経験」とはどのようなものでしょうか。「業績」であれば、単著（著者が1名）でも共著（著者が複数）でも構わないので、専門分野に関する書籍を出版していること、学会等に投稿された論文があること等があります。「秀でた技能」であれば、アーティストとしての受賞歴、アスリートとしての競技記録、指導者としてのキャリア等があります。

2-4　大学教員の種類

　大学の教員は一般的に**専任教員**と**非常勤講師**に分類されます。10年ほど前までは、専任教員として採用されると、終身雇用されることが多かったのですが、2010年頃から、米国のテュニアトラック制度を模した「任期制」の専任教員を採用する大学が増えています。本来のテュニアトラックは博士号取得後10年以内の研究者を公募により任期（テュニアトラック期間：5年）を付してテュニアトラックとして採用し、独立した研究を行える環境を提供、任期終了前にテュニア審査を行い、審査にパスした研究者をテュニア教員（任期のない終身雇用）として採用する制度なのですが、本来の趣旨からはずれた、3年から5年の任期を付して採用し、任期終了後は雇止めるか、1年更新で継続雇用する、あまり望ましくない雇用形態が多くみられます。

2-5　大学教員になるための2つのルートとは

　日本では大学教員に博士の学位の取得を義務付けていません。例えば、教授であれば、上記の①に「博士の学位を有し専門分野の業績がある人。」とありますが、②で「大学が①の人と同等の業績があると認めた人。」となっており、大学が認めれば博士の学位は不要です。即ち①～⑥の何れかに該当すれば、大学教授となる資格がある訳です。更に①③④

は明確に学位、現職の大学教員等の要件を定めていますが、②⑤⑥については、明確な基準がないため、全て採用する側の大学の判断となります。

　例えば、⑤であれば、オリンピックのメダリスト、著名なアーティスト等が該当します。しかし、一般の社会人が⑤に該当するのは、かなりハードルが高いと思われますので、一般的には⑥に該当するとして、採用されるパターンが多いです。筆者は、現在に至るまでに、4つの大学、1つの短期大学で管理職の仕事をしてきましたが、一般の社会人を教員として採用したのは、ほぼ全てが⑥に該当する方でした。では、皆さんが⑥に該当するためにはどのようにすればよいのでしょうか。

　大学の教員になるための1つめのルートは専任教員の公募へ応募することです。**専任教員**の**公募**に応募するときの重要なことは、皆さんの「専門分野」です。例えば、皆さんが企業の財務部で税理士の資格を持ち、会計の仕事をしていたとすると、皆さんの専門分野は「会計学」となります。専任教員として会計学の教員を採用するのは、商学部、経済学部、経営学部等の社会科学系の学部となりますが、社会人を採用する場合は**実務家教員**としての採用になると思います。実務家教員の要件は「専攻分野における概ね5年以上の実務の経験」と「高度の実務の能力」を有する人材ですから、皆さんはピタリとあてはまる訳です。更に、今春から始まった「高等教育の修学支援新制度（高等教育無償化制度）」では、対象となる大学の要件に、実務家教員による授業科目が標準単位数（卒業要件単位数）の**1割以上配置**されていることとしているため、各大学は実務家教員の採用を増やしており、皆さんにとって非常にチャンスであるといえます。教員の採用は公募で行われることが殆どであるため、公募情報を得るためには国立研究開発法人 科学技術振興機構が運営しているキャリア支援ポータルサイトである「JREC-IN Portal」にアクセスし検索することが早道です。例えば「JREC-IN Portal」で「会計学」

を検索すると多くの大学、学部がヒットしますので、其々の詳細情報を確認して、皆さんのキャリアに合致する大学に応募することになります。また、「indeed」等の求人検索サイトでキーワードを「専任教員の公募　会計学」等で検索しても多く情報がヒットします。更に「google」でキーワードを「教員公募　会計学　ac.jp」で検索しますと、各大学が其々のホームページで公開している求人情報が直接ヒットします。

　其々の検索方法の違いですが、大学側（採用側）の立場で申しますと、特定分野の研究者を採用したいときは「JREC-IN Portal」、実務家教員を採用したいときは「indeed」等の求人検索サイトに掲載します。その理由は「JREC-IN Portal」を閲覧する人は、既に大学等の教育機関に属している人が多く、「indeed」等の求人検索サイトを閲覧する人は企業に所属している社会人が多いからです。また特に急を要する採用の場合は、「JREC-IN Portal」、「indeed」等の求人検索サイト、大学HPの全てに掲載をしていました。即ち同一の大学から複数のサイトに掲載されている採用情報は、大学側が採用を急いでいるか、どうしても採用しなくてはいけない理由がある場合が多いと思いますので、皆さんにとってはチャンスであると思います。

　大学の教員になるための2つめのルートは、ダイレクトに専任教員を目指すのではなく、まず**非常勤講師**として採用され、経験を積み、専任教員としての採用を目指すルートです。

　各大学が実務家教員の採用を増やしているとはいえ、やはり専任教員としての採用は、難関であるといえます。非常勤講師としての採用であれば、若干ハードルが下がりますので、先ずは、非常勤講師での採用を目指すことも良い選択であると思います。非常勤講師の求人の探し方は、前述の求人サイトで検索する方法に加えて、もう一つ有効な方法があります。それは、大学のシラバスを検索する方法です。現在、**シラバスの公表は文部科学省から義務付け**られていますので、各大学のHPでは必

ずシラバスを検索できるようになっています。シラバスの検索は殆どの場合「フリーワード検索」ができるようになっていますので、「会計」「簿記」「財務」等のキーワードで検索すると、キーワードに関連する授業科目がヒットします。シラバスには「授業科目名」「担当者名」「開講時期」「対象学生」「授業の到達目標」「評価の方法」「15回の授業の概要」が記載されていますので、当該大学で皆さんが担当可能な科目が開講されているかを調べることができます。大学のHPでは教員情報も検索することができますので、例えば検索した科目の担当者がA先生だとして、A先生の名前が専任教員の中になければ、A先生は非常勤講師であることが分かります。既に専任教員が担当している授業科目について非常勤講師を採用することはまずありませんので、A先生が非常勤講師であることが分かれば、当該科目について皆さんが採用される可能性があります。更に殆どの大学では「過去のシラバス」の検索も可能ですので、少し調べてみれば、A先生が当該科目を何年間担当しているかも分かります。各大学では非常勤講師に雇用期間の上限を設けていますので、A先生の担当期間が長ければ、雇用期間の上限に達する可能性があり、更なるチャンスが広がる訳です。

　専任教員を目指す場合も、非常勤講師を目指す場合も、大学に提出する応募書類は「履歴書」「教育研究業績書」の2種類で、多くの大学が文部科学省が定める書式（別記様式第4号（その1）及び（その2））を使用しています。大学では教員採用の公募に応募があると、大学では一般的に**人事委員会**や**業績資格審査委員会**を開催して審査を行います。人事委員会では教員採用そのものの可否、業績資格審査委員会では、人事委員会で教員採用が「可」となった場合の採用候補者の業績審査を行います。業績資格審査委員会での審査のポイントは前述の①〜⑥の条件に書かれている「専門分野の業績」「秀でた技能」「特にすぐれた知識及び経験」があるかどうかです。例えば、「秀でた技能」ですが、ショパ

ンコンクール優勝のキャリアがあれば、誰もがピアノ講師として「秀でた技能」を持っていると認めるでしょう。ノーベル物理学賞を受賞していれば、物理学の分野で業績があると誰もが認めると思います。しかし、そのような突出したものがない場合、「専門分野の業績」「秀でた技能」「特にすぐれた知識及び経験」を証明するものは、いわゆる**「文字業績」**になります。皆さんが会計部門の責任者として、多くの部下を率いて、経理部門を統括しているとします。大学が簿記、会計学演習等が担当できる実務家教員を探しているとすれば、皆さんは大学が求める要件にピッタリ合致しているといえます。しかし、業績資格審査委員会で皆さんが当該科目の担当者として適任であると判断するためには「教育研究業績書」に記載されたエビデンスとしての「文字業績」が必要となる訳です。

2–6　文字業績をつくる方法

　文字業績で分かりやすいものは、著書、学術論文です。著書については、単著、共著の何れでも構いません。学術論文については、学会等の査読付きの学術論文であればベストです。しかしながら、一般企業に所属する殆どの方は、著書も学術論文もお持ちでないと思います。かつては、ご自分の自伝のような文章を自費出版で 100 万円以上の費用をかけ、立派なハードカバーで製本し「著書」とされている方がおられましたが、現在では、一般的な出版社から発刊されている書籍以外は著書として認めておらず、業績にはカウントしません。一般の社会人が文字業績を作るコツは、とにかく文章を残すことです。例えば、社報への投稿を依頼されたら、ふたつ返事で引き受けましょう。文章のタイトルは「企業会計と学校法人会計の違いについて」とか「我が国の簿記の歴史」のような少しアカデミックなタイトルにしておきます。文章を書くことは苦手な人が多いため、執筆依頼を気持ちよく引き受けていると、自然に皆さ

んに執筆の依頼が集まるようになります。例えばコラムのような短文でも 10 本、20 本となれば、立派な「文字業績」となっていきます。

2-7　学会に入会しよう

　大学側が教員公募への応募者の「履歴書」を審査するポイントは「学歴」「職歴」はもちろんですが、加えて重視するポイントは「学会、社会における活動、職務上の業績等」です。この欄に現在所属している学会を記載するのですが、所属学会の記載が無い場合、大学側では「この先生は、研究活動はあまりされていない。」と判断しますので、皆さんの専門分野の学会に所属することをお勧めします。学会には入会規則があり、入会の条件として「専門分野に関する研究論文 2 本を提出し審査を受ける」等のように一定のハードルがある場合と「会員の推薦がある」等のように比較的条件が緩やかな場合がありますが、定期的に学会誌を発行し全国大会を開催している学会であれば、特に問題はありません。学会に入会すると履歴書に記載することができること以外にも多くのメリットがあります。専門分野に関する最新の情報に接することができることは勿論ですが、それ以外にも専門分野を同じくする教員の人脈が形成される。学会で開催される研究会等に参加することで、皆さんの「業績」を発表する機会を得ることができる等があります。

2-8　大学教員に採用された社会人の事例

　最後に、筆者（私）が勤務していた大学で実際に教員として採用された社会人の事例を挙げておきます。

【専任教員として採用されたH先生】

　　H 先生は、私が関西の大学に勤務していた時、専任教員を公募し実務家教員として採用させて頂いた方です。その際の公募の条件は「会計学」「簿記原理」が担当可能で経理業務に関する 5 年以上の実務経

験があることでした。応募されてきたH先生の履歴書を拝見しますと、中堅企業の総務部での勤務を経て財務部に異動され、その後、大手企業に転職後、一貫して経理畑を歩んでおられました。公募の条件に合致していることは当然ですが、書類選考を通過する決め手となったのは、システムアドミニストレーターとファイナンシャルプランナーの資格を所持されていたことでした。このように専門分野のみではなく関連分野や他の資格を所持されていると、有利になることがあります。私はH先生の採用面接にも立ち会いましたが、自分の経験、知識を学生に教授することで、学生が何をできるようになるかを具体的に述べられたこと、学生募集等の大学業務にも積極的に関わりたいという積極性を評価して採用に至りました。H先生は、自らのキャリアを磨くために、仕事とは直接関係のない資格を取得されました。その当時は転職する、大学教員になるという意識はなかったかもしれませんが、難易度の高い資格を取得する決意をしたことが一つの転機になったのではないでしょうか。いつもの日常とは違う何か新しいことを始めた時が人生の転機における予兆なのかもしれません。このような転機の予兆に気づくことが大事だと思います。

【非常勤講師として採用されたK先生】

　K先生は、私が情報処理教育に関する学会が定期的に開催している研究会に参加していた時、事例発表をされた方です。この方は当時ソフトウェア開発関連企業の管理職で、発表された事例は、大学の教務システムに関するものでした。企業の方が自社製品に関連する発表をされる場合、自社製品の優秀さをアピールするものが多いのですが、この方の発表は「学生が大学で学び身につけた能力を分かりやすく表現して就活に活用する。」という内容でした。私は発表に感銘を受け、名刺交換をさせて頂きました。翌年、私が勤務する大学で「情報処理演習」の授業を増やすことになり、非常勤講師の公募を行ったのです

が、応募者の中にこの方の名前がありました。履歴書を拝見しますと、研究会における発表を精力的にされ、発表内容をまとめた事例集が研究誌に掲載されていました。私が彼の採用に関して肯定的な意見を述べたのは言うまでもありません。K先生は、私が勤める大学で非常勤講師として3年間勤務された後、関西の短期大学の情報処理担当の専任准教授として採用され活躍されています。K先生が学会に入会された理由は、ソフトウェアの販売のための情報収集、人脈形成が目的だったそうですが、学会に入会されたことが、この方の人生の転機になったと思います。

　余談ですが、非常勤講師に応募された時、私のことを覚えておられたかを伺ったことがあります。彼は「研究会で知り合った方の大学の求人は常にチェックしていました。」と言われました。K先生の作戦勝ちかもしれませんね。

　大学教員という仕事は、自分の経験、知識を後進に伝えることができる素晴らしい仕事です。大学教員として採用されるには、専任教員にせよ、非常勤講師にせよ一定のハードルがありますが、そのハードルは10年前よりも確実に低くなっています。皆さんも是非チャレンジしていただき、大学教育の場で活躍して頂きたいと思います。

3.　コンサルタントとして独立する

3-1　転機を掴んで独立するとは

　皆さんの中には、今は会社員として勤務しているが、将来は知識や経験を活かした独立を視野にいれている方がおられるかと思います。また独立するとはどのようなことなのか、その実際を知りたいという方もおられるかと思います。著者自身、サラリーマンを経て独立、現在は国際

ビジネスの領域でコンサルタントとして仕事をしています。そこで、本講では、コンサルタントとして独立し、またどのように仕事をしていけば良いのかをお伝えしたいと思います。また、一つの事例として、どのような転機で著者が独立したのかについても、お伝えしたいと思います。

3-2　フリーランスとして働く人が増えている

　今は会社勤めだが将来は起業したい、或いは組織に属しながら副業をして活躍したいとお考えの方が増えています。一般社団法人プロフェッショナル＆パラレルキャリア・フリーランス協会による「**フリーランス白書2018**」（本講においては、以下、「フリーランス白書」という。）によれば、「日本には1000万人余りのフリーランス（副業・兼業を含む）がいるのですが、これは国内労働力人口の約6分の1にあたる数です。」[2]として、日本でのフリーランスとして働く人の増加を指摘しています。また、この中には個人事業主や法人として仕事をしている「独立系フリーランス」だけではなく、企業や組織に雇用されている方が副業や兼業としてフリーランス活動をしている「副業系フリーランス」も含まれており、今後その数は増加するものと思われます。[3]

　フリーランスが増えた背景には独立・副業の敷居が大幅に下がったこともありますが、リモートワーク、テレワークといった場所や時間に捉われない働き方も追い風となっています。この先の見えない変化の激しい時代、一つの組織に依存することなく、自律的に自身のキャリアと向き合おうという考え方は自然なことではないかと思います。

3-3　起業や副業で人気なコンサルタント職

　フリーランスの中でもコンサルタントは人気のある職種です。『フリーランス白書』によれば、「フリーランスで主な収入源となっている職種」では「IT・クリエイティブ系」が52.4％と最も多く、次にコン

サルタントやカウンセラー、講師など『コンサルタント・カウンセラー系』が12.6％となっています。』[4]と指摘しています。ではこのコンサルタントとはどのような業種なのでしょうか。専門家の立場から顧客の課題解決するために助言、またその実行支援をすることを「コンサルティング」と言い、その仕事をする人が「コンサルタント」なのです。コンサルティングは、支援する側もされる側も、その事業規模は大企業から中小零細、或いは個人事業まで多種多様です。

　コンサルタントと聞いて真っ先に思い浮かべるのは、企業戦略を立案し、経営指導をする経営コンサルタントではないでしょうか。或いは企業のITシステムやデジタル化の戦略立案や、導入支援をするITコンサルタントを思い浮かべる方もおられるかと思います。他にも、飲食店開業支援をする飲食開業コンサルタント、企業研修の企画実施をする人材開発コンサルタントなど、その専門分野により実に多くの種類があります。

3–4　コンサルタントとして名乗れば今日からコンサルタント

　多額の起業資金を必要とせず、始めようと思えば直ぐに始められるのがコンサルタントの特徴です。コンサルタントにはなろうと思えば誰でも直ぐになれます。どうすればなれるかというと、コンサルタントと自称し、名刺にコンサルタントと書けば良いのです。また、個人として事業を始める際、その旨を所轄の税務署に届け出る「個人事業開業届」があります。その職業欄にコンサルタントと記載し届ければ、皆さんの職業は公式に（少なくとも税務署では）コンサルタントになるのです。コンサルタントになること自体はそのくらい簡単なのです。コンサルタントになるために特別な資格はありません。**中小企業診断士**や**MBA**など経営に関連する資格はあるにはあります。しかし中小企業診断士は、弁護士や医師のような業務独占資格ではありませんし、MBAも経営大学[5]院の学位のことです。中小企業診断士もMBAも専門的な学びをし、一

定のハードルを越えた証なので意味は充分にあります。しかし、必ずしもコンサルタントの必須条件という訳ではありません。

3-5　大切なのは得意分野の有るなしと過去の実績

　コンサルタントとして重要なのは、得意分野の有るなしです。会社などの業務で、過去にその分野での実績があると有利です。なぜなら依頼者は過去の実績を見て仕事を依頼するからです。得意分野は掛け算によってその人の**独自性**がより出てきます。例えば、ある分野のことができるとします。それだけだと他にも同じ分野での競争相手が多くいるかもしれません。しかし、その中でも特定の業界に詳しいとか、関係する業界に関しての実績がある、更にその仕事を英語でできるなどといった**要素の掛け算**が増えてくると、その人の独自性が出てきて、徐々に競争相手が減ってきます。

　コンサルタントの仕事は、人づてで来ることが多く、特に最初は前職や取引先など、過去の人脈から仕事が来るのが殆どです。よって、これから会社を辞めて起業しようという方は「立つ鳥後を濁さない」ことが重要となります。また仕事の依頼を受けたならば、仮にそれが小さな案件であったとしても、全力で取り組むことが大切です。依頼主に満足して頂けたなら次の依頼につながる可能性があります。或いは他のお客様を紹介して頂き、それが新たな仕事につながることもあるのです。

3-6　仕事の依頼を断る勇気も必要

　独立すると収入が不安定になることが大半です。そのため、特に最初のうちはやってくる仕事を何でも受けてしまいがちです。気持ちは分かりますが、当然のこととして、仕事が増えれば増えるほど忙しくなり**稼働工数の限界**を超えてしまいます。そして、納期に遅れ、品質が低下することになり、顧客に迷惑を与えることになります。その結果次の発注

が来なくなり、継続的なお付き合いができなくなるなど、**負の連鎖**となりかねません。そのことを考えたら、時には（相手に失礼にならないよう）仕事の依頼を断る勇気も必要です。

　別の側面から申し上げます。得意分野の仕事は、すればするほど効率と品質が高まり、顧客からの新たな依頼へとつながります。結果として単価が上がることもあります。逆に不本意な仕事は、作業効率が悪く、時間が掛かる割に低品質な成果となりかねません。そもそもそのような仕事はモチベーションが上がりませんので、本来は受けるべきではないのでしょう。とはいえコンサルタントとして自分はどの分野が得意なのか、また不得意なのかを見極めるためにも、色々な仕事を経験するのは大切かとも思います。それが判断できるようになれば、自分軸をもって受ける仕事を選ぶことができるようになるのです。

3–7　コンサルタントとして独立した私の転機

　最後に、筆者はどのような転機で独立したのか、皆さんの参考になればとの思いで、自分の事例を紹介することにします。

　私は独立して 10 年以上、国際ビジネス分野のコンサルタントとして活動しています。大学を卒業後、教育関連の仕事をしていました。そこでたまたま海外関連の仕事をすることがありました。しかし、そのとき自分の力不足を痛感することになります。今後の長い職業人生を考えたとき、若い今のうちに専門性と語学を確りと磨きたいと考え、会社を辞め渡米、経営大学院で国際経営学の MBA を取得します。思い切って米国に留学したことが、今につながる転機となったのだと思います。その後日本に帰国し、外資系企業、経営コンサルティングファーム、米国勤務などを経験します。外国人の上司同僚と英語で仕事をすることや、プロジェクトで海外拠点と協業する機会などが多くありました。そのことで、外国人が日本でビジネスする際に気をつけなくてはならない商習慣

や職場文化、逆に日本人が外国人と協業する際に必要なことなどを知ります。これらの経験は、後に独立してからの仕事に活きてくることになります。しかし、会社に勤務しながらも、頭の片隅にはいつか独立できればとうっすらと考えていました。

　独立への転機は40代前半にきました。ある外資系企業に勤務していたときのことです。私は極度の過労とストレスから体を壊し入院しました。退院後も体調が思わしくない状態が続きます。このまま企業で仕事を続けていっていいのだろうかと真剣に考える日々が続きます。これからの人生、自分にしかできない仕事を自分らしくしたいと考え、思い切って独立する決意をしました。独立後は、それまでの経験を活かし、コンサルタントとして外資系企業の人事支援や、研修講師として企業のグローバル研修などを行います。その後、海外派遣型のマネジメント研修を行う仕事を受託、毎年インドやシンガポールで仕事をするようになりました。多い時は1年の3分の1をインドで過ごすこともありました。このように海外に定期的に滞在する中で、現地に様々な人脈ができました。その一人、現地の投資家から、自身が投資しているシンガポールのベンチャー企業に関しての相談を受け、私は同社の日本での経営支援をすることになります。この仕事が切っ掛けで、他にも海外ベンチャーの日本での支援案件が舞い込みます。このように何かの分野の仕事をしているうちに関連する依頼が来るようになるのです。

　独立して10年程経った頃、次の転機がやってきました。人を通じて、地方の私立大学での教員の話が来たのです。そのときの大学のニーズと私の経験が、たまたまタイミングよくマッチしたのだと思います。大学生に自分の経験を伝えることは意義ある仕事だと考え、その話をお受けすることにしました。現在の私は実務家教員として、週の半分は大学で国際ビジネスや英語コミュニケーションを教え、残りの時間はコンサルタントとして企業支援や企業研修などを行っています。このように自分

の経験や特性を活かしながら、複数の収入と拠点を持ったハイブリッドな働き方をしており、独立したときには想像もしなかった展開となっています。改めて振り返ると、自分にしかできない仕事を自分らしくしたいとの希望が、結果として叶っているように感じています。独立後は正直大変な時期もありました。しかしどんなときも誠実に、また前向きに仕事に取り組んだことが、幾つかの転機へと結びついたのではないかと思っています。私はこのような働き方ができることに感謝しつつ、これからも末永く社会に貢献していきたいと希望しています。

　私が独立した頃と現在とでは、起業や副業に対する敷居は確実に下がっています。過去の人脈だけでなく、ネットを駆使することで世界中から顧客を獲得し、リモート環境で仕事を完了することも可能な時代です。やる気とアイディアがあれば**独立コンサルタント**として様々な働き方をすることが可能な時代だと思います。皆さん一人ひとりが、自らの特性を活かし、自分らしく社会で活躍して頂けることを期待しています。

〈注〉

1　文部科学大臣の諮問機関として設置されている審議会。

2　フリーランス白書 3 頁

3　フリーランス白書では「因みに米国では 1 億 6 千万人の労働力人口のうち約 3 分の 1 が既にフリーランス化しており、2027 年には過半数になるという予測があります」と記述している。同白書 3 頁

4　フリーランス白書 11 頁

5　英語の Master of Business Administration　（経営管理学修士）の略。

就活キャリアスキル読本

2021 年 9 月 15 日　初版発行

編 著 者　　中川 直毅

発 行 所　　株式会社　三恵社
　　　　　　〒462-0056 愛知県名古屋市北区中丸町 2-24-1
　　　　　　TEL 052-915-5211　FAX 052-915-5019
　　　　　　URL https://www.sankeisha.com